我們與台灣的距離

寫給美麗之島的七封情書

新井一二三／著
張秋明／譯

推薦序

收到一封一封寫給台灣的情書

作家／米果

閱讀新井一二三這本著作，有很微妙的心境。所謂微妙，不是什麼奇怪的感覺，而是舒適的愉悅。透過文字，以及文字內裡微微滲出或大膽流露的理解與情感，因而跟作者有了心領神會的契合，這是閱讀最棒的境界。所謂的愉悅，是比開心還要淡雅一些，卻又比歡喜還要明顯一些，講白一點，應該是被理解、被知道、被喜歡的感動吧！

新井一二三的中文書寫是很有歷史的，最早我讀她在中國時報人間副刊的文章，已經是很多年以前的事情了，她所出版的中文著作應該可以稱之為多產，我閱讀她寫香港，靠著印象裡的描述去尋找那家位於北角的理髮店。看她寫新宿東口紀伊國屋書店B1配眼鏡的經驗，立刻想起自己就讀的語言學校就在隔壁棟大樓，我知道那間眼鏡店，因為眼鏡店的附近有間好吃的咖哩飯餐廳。我讀她寫中央線，喜歡得不得了，每次去東京就搭中央線來來去去。讀她寫的東京人，想起自己成長過程幾乎跟書裡描述的昭和世代相去不遠。

總是這樣，在新井嫻熟有趣的中文裡，確定了旅行可以前去的方向，幾乎忘了中文其實不是她的母語。對她來說，中文就是外國語，而能夠把外國語運用得如此傳神、彷彿自己的母語，那又是身為讀者感覺敬佩的地方。雖然使用敬佩這兩個字有點老派，但我想不出其他適合的用字了。

然而這次是新井以她自己的母語日文來寫台灣，原本是寫給日本人閱讀，因而能夠從歷史、人情、建築、文化種種層面來理解台灣，讓日本人可以在珍珠奶茶與鳳梨酥和旅遊指南之外，有機會更接近台灣的日常，我猜想，這應該是筑摩書房一開始向新井邀書的初衷吧！深層的理解，才有可能產生深度的情感，才會有一來再來的動機。

然而，身為台灣人的我，卻從這本書讀到了即使是台灣人也容易忽略，或即使經歷過、在意過，卻不慎遺忘的各種酸甜甘苦。我以為足夠理解或習以為常的人情事物，原來在新井的觀察中，顯得那麼可愛、有意思，或特別、稀奇。內心想著，如果經由這本書讓日本人理解台灣，那真的太棒了。

因為文字建立起來的緣分，我成為新井的取材對象，書裡寫到我的台南成長經驗，因此在二〇一九年與出版了《臺灣日式建築紀行》的渡邊義孝建築師初次見面時，他很驚訝地表示，「哇，妳就是新井さん書裡出現的米果！」

同樣的對話場景又一次出現在川本三郎老師為了新書《川本三郎的日本小鎮紀行：日本國民電影「男人真命苦」之旅》來到台北大稻埕茶敘的場合，我跟川本老師有幾年的交情，他見到我，立刻說他讀了新井的書，「書裡面的米果，我認識啊！」

對台灣日式建築有纖細情感的渡邊義孝建築師，以及有著昭和文人氣質的川本三郎老師，他們都成為台灣旅行的常客，而他們也都讀了新井書寫的台灣物語，當時我真的覺得，新井果然做了一件對台灣很不得了的事啊！

我注意到這本書最後列出的參考書目，發現一本由弘文堂出版，因白色恐怖事件流亡日本的台灣作家王育德，以日文書寫的《台灣——苦悶的歷史》，這又是另種巧合。這本書最早在一九六四年問世，幾乎是日本人研究台灣問題不可缺少的工具書，直到一九七九年才有中譯本出現。王育德出身台灣台南，以台灣為主題的著作卻以日文書寫，而新井一二三是日本人，公開發表的文章或出版成冊的書籍，卻是以中文書寫為大宗。語言從來不是理解的障礙，書寫的情感溫度才足以通往彼此的內心，不管是半個世紀以前的王育德，還是已經在台灣出版了二十九本書的新井一二三，在書寫台灣的文字脈絡裡，都看到同樣的愛，如情書般的愛。

我很喜歡，並且感謝這本書，彷彿收到一封一封寫給自己生長土地的歲月情書，要好好收藏才是。

關於米果：台南出身，現居台北盆地邊緣，小說與隨筆雜文書寫者。大田出版《只想一個人，不行嗎？》《初老，然後呢？》《13年不上班卻沒餓死的祕密》《濫情中年》。

推薦序

思考我們自己是誰

立法委員候選人／陳柏惟

新井一二三老師這本新書，名為《我們與台灣的距離》，很特別的是先以日文寫成，再翻譯成華語。作者說，台灣人對於日本有一定程度的了解，但日本人對於台灣的理解卻大多很薄，因此起心動念，以日文寫就這本書。作者從不同出身族群的朋友故事、名人新聞事件，窺見各視角立場的台灣，若說一個視角、一個出身，即是一抹顏色，那這本書則充分彰顯了台灣這個移民社會的繽紛色彩。

作者自謙自身實非直接定居台灣，不確定筆下的台灣是否真切。但有時或許站在局外的觀察者，會比局內人更一針見血地看清楚事物的全貌。這本書，不僅讓日本人更理解台灣，這個「我們」與台灣的距離，其實代入我們台灣人自己，也是很可以的。我們台灣人對於自身的複雜歷史、尚未完整面對的過去傷痕，仍有很迷濛的距離，這個距離也常是造成社會各階層誤解對立的主因。新井老師的筆法高明在這些很嚴肅的事情，在她筆下很輕鬆地能讓讀者設身處地理解，每個篇章都是活靈活現的故事，毫不枯燥。

最後，要特別提到，新井老師序言裡讓我很感動的一段話：「台灣不是誰的孤兒、誰的繼子；台灣歷來就是台灣人的台灣。」而我們正可以透過作者的眼，從另一方的角度，去思考我們自己是誰！太平洋西南海邊，美麗島台灣翠青，願永遠常在，美麗島、台灣。

序

三十五年後交的作業

新井一二三

我第一次去台灣是一九八四年夏天。戒嚴令下，感覺黑薰薰的台北，不像繁華的東京，也不像熱鬧的香港，更不像莊嚴的北京。台北到底是怎麼來的？我當時還是個大學生，一時找不到答案，只好把這道高難度課題藏在看不見的抽屜裡，心中告訴自己：以後再說。

現在我能說：當年台北，硬體上還是早已滅亡的大日本帝國遺留在亞洲一角的孤兒；軟體上卻是流亡的中華民國似愛非愛的繼子。可是，收集到這些詞彙之前，我還是要做很多年功課的。

我開始認識台灣是一九九六年。那年我訪問了兩次台灣。第一次是二月中，為日本雜誌的台灣專題去採訪一個星期，見到了社會各界的不少人士。解嚴後已過了幾年，一九九〇年代的台灣好比處於青春期，正在超級流行電台的叩應節目和「顛覆」一詞；竟有受訪者臨時騎機車載我去公寓裡的播音室當嘉賓，叫我體會到「顛覆」是什麼感覺。總之，整個社會在沸騰、興奮，充滿著樂觀的熱氣。兩個月後，台灣舉行第一次的總統直選；我又飛進台北，這次還由松山機場搭上了沒有其他旅客的小型飛機，去了台海危機中導彈射來的前線馬祖。

兩次台灣之行讓我認識到一些當地媒體界的朋友，同一年就開始為台灣報刊寫文章了。後來，我跟台灣的緣分從未斷過，一直在台灣媒體上寫專欄結集出書。

記得二〇〇〇年代的台灣社會，眼看就變得越來越乾淨，不僅在環境衛生方面，而且在文化思想方面亦如此。在宜蘭等地，開始看到早期文創的成果。我忘不了在宜蘭火車站外面，牽著孩子的手等候之際，有個年輕人帶把小提琴走上來，一句不說，專門為我們拉了一首宮崎駿動畫片《天空之城》的主題曲《伴隨著你》。那是多麼美麗的記憶！

二〇〇八年的電影《海角七號》，對我的台灣觀來說，是莫大的轉折點。比誰都「台灣之子」的魏德聖導演拍攝的經典級台片，叫我每看一次就哭一次。好比收到了往南島文化圈的邀請信一般，我忍不住就搭上了南下的高鐵列車。當那趟恆春半島之旅結束時，我已深深刻刻體會到：台灣不是誰的孤兒、誰的繼子；台灣歷來就是台灣人的台灣。

在日本，傳播媒體對台灣的報導遲遲不變。早就民主化了，但是台灣的頭號景點仍不是故宮博物院就是中正紀念堂。至於在戒嚴令下台灣人曾經歷的苦難以及在民主制度下嚐到的希望與失望，很少被報導。

二〇一一年的東日本大地震後，台灣捐來的大數目支援金叫日本人重新認識台灣。到寶島旅行的日本人越來越多，不僅是烏龍茶和鳳梨酥，而且滷肉飯和珍珠奶茶也風靡東洋。儘管如此，全體日本人對台灣的知識還是少得可憐，尤其跟台灣人對日本的豐富知識相比的話。

我長期都想有朝一日要用日語寫以台灣為主題的一本書，為的是讓日本人多一點、深一點認識美麗島台灣。只是，不瞞你說，寫台灣還是難度非常高的，主要因為在這島嶼上住著具有不同背景的很多族群。到底該由誰的角度去看歷史、解釋現狀，才算公平、有代表性呢？何況，雖然關注台灣三十五年之久，我始終沒有在台灣居住生活的經驗。自己對台灣社會的理解到底多精準，我不敢說有足夠的信心。

應日本筑摩書店之邀，撰寫本書日文原版的過程中，我看了不少書，也上網查了資料，還坐台鐵列車環島一番。可是，在我腦海裡不時浮現的一個又一個台灣朋友們之面孔，才是支撐我書寫下去的指南針。反映著移民和外來政權來來去去的複雜歷史，似乎每一個台灣人心中都有欲說還休的真實人生故事。我親耳聽過一些，也看著他們／她們的表情猜測、想像過更多。於是講述台灣的書，自然就成為一層又一層的故事重疊的千層蛋糕。

出乎預料之外，日文原版剛出來不久，老交情大田出版提案出台灣華文版。自己用日語寫的書，請專家翻譯成華文問世的經驗，對我來說是第一次。本來是針對日本讀者而寫下的一章又一章物語，由書中的主人翁（＝台灣人）看來會產生什麼樣的讀後感，目前我還不得而知。可這畢竟是我根據這些年來的所見、所聞、所思、所想而寫出來要提交的一份作業，雖然從最初算起推遲了三十五年，還是衷心希望能夠得到一張及格的成績單。當下唯獨垂首靜候南風吹來的佳音。

二〇一九年十一月寫於東京國立

目次

第三封／鬼與神明的物語

第四封／紅磚與廢墟的物語

第五封／地名和人名的物語

前言

喜歡台灣的人。對台灣有興趣的人。有台灣朋友的人。打算去台灣旅行的人。

這是為你們而寫的書。

不論就地緣還是歷史方面，台灣和日本有著極其密切的關係。但因為諸多因素，使得市面上日文寫的台灣書籍不是太多。

當寫出來的書少，不免令人擔心思考時必要的字彙恐怕相對不足。換言之，就像陷入單行道的死胡同一樣，總是鬼打牆似地回到同樣的結論。

就旅遊景點來說，台灣近來頗受到矚目。有關各地旅遊和美食的導覽資訊也跟著充實許多。因為治安良好又很方便，應該也能夠一個人拿著書本或手機遊走一下。

結果會不經意瞥見跟日本和其他國家不同，只有在台灣才會發生的情況。基於當各位心中冒出「這究竟是怎麼一回事呢？」的疑問時，若是能提供解答、或是提供隻字片語觸發進一步調查的動機也好的想法，我動手寫下了這本書。

日文原文版的副標題「美麗島」的緣由可追溯至十六世紀航行到東亞的葡萄牙水手從海上眺望台灣時的一聲驚呼「Ilha formosa!」（福爾摩沙＝美麗島），至今為全世界和當地人民對台灣共通的暱稱。

長年重複訪問台灣，我深深感受到每一個台灣人的背後都有著長篇小說般的故事。或許大家的人生多少有些共通之處，但那些長篇小說中充滿了許多外表看不出來，卻聽過一次後便永難忘懷的情節。

一旦和台灣人成為朋友，請試著傾聽他或她、以及他們的母親或是祖母的故事。

由衷祈願本書能成為解讀台灣此一物語的指引路標。

北與南的物語

第一封／

① ——

台灣並不是「一個」

台北與「南部」

「妳知道嗎？台灣分為台北和『台北以外』，而且『台北以外』一概都被稱為『南部』。」

有一天聽到朋友跟我這麼說時，當下感覺有些心虛。因為自己已經來過台灣多次，卻從沒去過「台北以外」的地區。

畢竟來自日本的班機通常抵達的是台北機場；台北既是政治與經濟的中心，我的工作對象也都在台北。朋友自己十八歲上台北讀書，台灣大學畢業後也繼續留在台北擔任雜誌社編輯。不過她目前已考慮要回歸故鄉。

「流行歌曲不是也有唱嗎？『台北不是我的家』。剛好農曆春節要返鄉，妳要不要一

彰化名產「肉圓」

起來？」

我自然是恭敬不如從命，決定跟著去叨擾。

台灣是個面積略小於九州的海島，南北狹長，當地居民暱稱般習慣用「番薯」一詞來形容其造型。朋友的故鄉是位於西海岸正中央的彰化。全縣人口一百二十萬，市區人口約二十萬餘人。距離靠近北端的台北將近兩百公里。當時號稱台灣新幹線的高鐵還沒開通，搭自強號火車得花兩個半小時才能到。

一抵達熱鬧的車站，「得先去吃彰化名產才行！」

朋友說完便帶我到周圍滿多的小吃攤之一嘗「肉圓」。我們坐進廚房在屋內、桌椅擺放在人行道上的小吃攤之一。手上接過來的碗裡面有著豬絞肉拌炒香菇的內餡、包裹在米粉和地瓜粉揉製而成的半透明餅皮中，上面還冒著熱氣。店員用剪刀把肉圓剪成兩半後，表面上澆了一層鹹鹹甜甜的濃稠醬汁。

「吃起來QQ的吧？」朋友笑著問我。

台灣人喜歡用「QQ」來形容柔軟有彈性的口感。以至於近年來珍珠奶茶的進化勢不可當。

朋友在南下的火車上告訴我：她家離市區有些偏遠，父親經營一家養豬場，有個弟弟幫忙一起打理。另外一個弟弟是修車工人，小弟還在當兵。三男一女的四姊弟中，只有她是不同母親生的。最後特別叮嚀「回到家的我和在台北時是完全不一樣的人，妳要有心理準備」。

作為充滿責任感的長女，她才一到家還沒來得及休息，便捲起衣袖一根又一根地削起粗大的蘿蔔。該說是母女的默契十足嗎，兩人幾乎未交一語地持續手上的工作。總之她看起來跟在台北的幹練編輯的確是判若兩人。將刨絲器夾在兩腿之間，只見削出來的蘿蔔絲逐漸堆滿類似嬰兒洗澡用的大水盆。原來年菜之一的蘿蔔糕是她負責的項目。

她家是兩層樓的透天厝，一樓地板鋪著磨砂磁磚，可以直接從外面穿鞋走進來。削蘿蔔絲的作業就是在這裡進行的。中間擺置接待客人的紅木桌椅，右後方走進去是廚房和餐廳。到此為止都是華南農村的風格。前面有通往二樓的樓梯，上樓前必須脫鞋。接下來就有點日本風。二樓是擦得光可鑑人的木頭地板，幾個房間並列在走廊兩側，每個房間裡都有一台大型電視。浴室裡有三溫暖蒸氣烤箱和按摩浴缸，喜愛洗澡的程度跟日本人不相上下。

聽朋友說整個彰化縣是以福建移民的後代子孫為主，不過她的祖先來自廣東省，附近住的都是當年一起飄洋過海的同鄉和親戚。從清朝時代集體移民至今已三百年。都市化的腳步方興未艾，原本以稻作為主的農村地帶仍零星散落著有別於中國北方四合院的傳統三合院建築。四方形的建地上，建築物環繞著中庭排列在北側和東西兩翼。只有南側開口，用來通風。確實要是不這麼做，住在位於亞熱帶和熱帶的台灣就太熱了。

由於祖母和外婆也都住在附近，台灣人的作風就是騎上速克達（Scooter）機車去露臉問聲好。不知道為何速克達在台灣特別受歡迎。我也借了頂安全帽，跨坐在機車後座，跟著一起去和大家打招呼。身為第一個考上最高學府國立台灣大學的她固然是家族之光，遇到的每個親戚卻都還是會問她「什麼時候要搬回故鄉呢」。

回到家後，我們到位於倉庫二樓的弟弟房間一起看電影。看的是侯孝賢導演的《戀戀風塵》。取代爆米花的是類似日清雞汁麵風味的統一麵，直接從袋子裡抓起來塞進嘴巴大口咀嚼。兩人都已經老大不小了，姊弟情深的景象讓人印象深刻。

農曆除夕午夜，將方桌搬至中庭，上面擺滿雞鴨魚肉和水果等供品。長長的香點燃後，由父親帶著全家人一起祭拜天上的神明。台灣人一般都很虔誠，供品也都準備得很豐盛。各地寺廟也總是香煙繚繞，擠滿膜拜祈福的善男信女。

壓歲錢則是一定要放進象徵吉祥喜氣的紅色紙袋中，稱之為紅包。大年初一早上，我也從朋友一向嚴肅沉默的父親手中領到紅包。朋友騎上速克達去給祖母和外婆送紅包。告別春節期間要留在故鄉的朋友和她家人，我一個人搭上開往台北的火車。

「台北不是我的家」

朋友提到的歌詞「台北不是我的家」是出自名聞整個大中華區的創作歌手羅大佑於一九八二年寫的暢銷歌曲〈鹿港小鎮〉。內容是到都會打拚失敗的寂寞男子思念起他留在故鄉的戀人，高唱出「台北不是我的家，我的家鄉沒有霓虹燈」。雖然經濟開始成長，但仍在很多方面都不自由的社會。鹿港是彰化縣的港口古鎮，地名中的鹿字意味著曾是出口鹿皮的港口，據說日本戰國時代織田信長等武將曾購買此地集散出口的鹿皮縫製成戰袍。或許因為如此，今日野生梅花鹿已完全滅絕。這一句「台北不是我的家」的歌詞似乎讓台灣人們留下深刻的印象，之後也被許多歌曲引用。

〈鹿港小鎮〉經過八年後的一九九〇年，和朋友同樣出生於彰化的林強用台語唱的〈向前走〉，歌聲中充滿了三年前終於解除戒嚴令，時代進入民主化的樂觀氛圍。

「再會啦故鄉，車站一站一站……台北車頭到了，我的理想和希望攏在這，卡早聽人唱『台北不是我的家』，但我一點攏無感覺。」

在過去提起台語歌，就想到古老悲情的演歌；而包含羅大佑暢銷歌曲的流行樂則非國語歌莫屬。林強以第一代搖滾音樂人的姿態現身，直接用台語表達自己的心聲。除了就像日本第一代以日語演唱搖滾樂的「Happy End樂團」（譯註：由細野晴臣、大瀧詠一、松本隆、鈴木茂於七〇年代組成的民謠搖滾樂團。解散後也各自在日本的音樂界擁有一片天。）帶來新鮮感外；就使用學校禁止的語言唱歌這點來說，甚至還帶點革命的刺激感。

和林強幾乎是同一世代的編輯朋友，當時正在考慮，要麼身為台北第一代的職業婦女拚命下去，要麼聽親戚們的話回歸故鄉，抑或為了逃避家庭與事業的壓力，乾脆遠赴英倫學習建築。

「妳知道嗎？台灣分為台北和『台北以外』，而且『台北以外』一概都被稱為『南部』。」

之後我經常思索她說的這句話意味著什麼。感覺這是來自「台北以外」，又身處於媒體業的她才有的真知灼見。

台灣媒體業的總公司都設在台北，加上台北又位於台灣北端，使得台北以外的地方，不論在日常會話中還是白紙黑字上，長期以來都被統稱為「南部」。一如電影票房收入也是台北票房和全台票房分開計算，台北在台灣擁有特殊地位。然而因為外國媒體只在台北設置特派員，也就難以避免帶給全世界「台北＝台灣」的印象了。台北市的人口約兩百七十萬，包含周邊地區也只有六百～七百萬；而全台灣人口是兩千三百萬。儘管如此，除了媒體以外，包含公家機關和一般企業的運作都是以台北為中心。

就算是那樣，「台北以外」也並非只有南部，照理說也包含了中部和東部，卻一概稱為「南部」也太過籠統了吧。因為朋友是中部彰化出身，每次被歸類成「南部」不免心裡感覺怪怪的。尤其自己身為編輯，遇到非得用「南部」一詞時，感受更加強烈。

然而台北和「南部」除了經濟發展程度的差異，還有其他不同處：國語和方言、外省人和本省人、國民黨和民進黨。彰化的朋友在台北時跟外省人的上司和同事們用國語一起工作，可是一旦回到「南部」老家則是和本省人的家人親戚們用源自祖先故鄉的方言說話。政黨支持率的分布，台北是國民黨、「南部」是民進黨，當年也分得很清楚。

本省人與外省人

本省人、外省人原本都是中文的一般名詞。中國的省分就跟日本的縣一樣，所以本省人的意思不過只是本省出身者，外省人是他省出身者而已。到了二十世紀後半的台灣之所以產生出特殊意義，其實是政治問題而非語言問題。

追本溯源，將清朝時代來自福建省和廣東省的人們稱為本省人的是二戰之後比他們晚兩百年從大陸渡海而來的新移民們。從此本省人也相對叫他們是外省人。

雖然雙方都屬於漢民族，所用語言卻有別。至少從一九四五年起的一段時間裡，外省人說他們的國語＝中國話，台灣本省人則說他們的母語＝台語、客語，或日語。甲午戰爭之後，有五十年時間，台灣是日本的領土，當時的國語是日語。再說，殖民地時代的日本人曾把台灣人叫做「本島人」，所以「本省人」一詞難免有嫌疑：是否把「本島人」翻成中文所致？

外來政權的殖民統治，不拘任何時代與地點，總是會不公平地帶給當地人民傷害。台灣人絕非唯唯諾諾地認命接受日本的統治。抵抗持續了約十年，之後在日本統治下仍不斷努力提升台灣人的地位。可是隨著中日戰爭、太平洋戰爭的勃發，社會在軍國主義的籠罩之下，不管是日本本土還是台灣都難以拒絕支持戰爭。從一九三七年起的八年間也開始急劇要求台灣人的「同化」。

由於之前再怎麼抗拒也擺脫不了日本的統治，以致到一九四五年八月十五日為止，台灣人已不再認為自己有可能失去日本人的身分，因而以日本人的身分投入「為了國家」的戰爭，和祖先出身地的中國為敵。不料結束那場戰爭的條件（開羅宣言、波茨坦公告）卻是台灣從日本切割出來。台灣人忽而變成了中國人。

當時的中國是中華民國，最高統帥是國民黨的蔣介石總統。從一九一一年孫文發起推翻滿清的辛亥革命以來，中華民國就制定了國語（＝北京話），逐漸普及全國。經由軍旅生活等環境學會北京話的外省人是八年抗戰的勝利者，所以將當時是日本領土的台灣當成從日本手中奪回的戰利品看待。對台灣人民來說當然情何以堪吧。「以為好不容易趕走狗了，卻換成豬上來」的怨言至今仍時有聽聞。

戰後剛過一年半的一九四七年二月二十八日，因為外省籍警察對台灣女子的暴力行為激怒了本來對國民黨暴政就不滿的本省人群起反抗，國民黨方面請求從中國調來援軍才能鎮壓。結果造成台灣年輕菁英分子為主的犧牲者多達兩萬八千人，是為二二八事件。侯孝賢執導、於威尼斯影展得獎的《悲情城市》就是以該事件為歷史背景。

同時，國民黨和共產黨在中國大陸的內戰已然白熱化。一九四九年時出乎各方預測，毛澤東率領的共產黨竟然打了勝仗，中華人民共和國就此誕生。戰敗的國民黨在蔣介石的帶領下搭船、搭飛機橫渡兩百公里寬的海峽來到台灣。原本人口六百萬的海島頓時多了一百五十萬的外來人口。

之後的三十八年間，台灣實質處於難民政權的國民黨獨裁統治下。包含中華民國政府直接沿用日治時代的總督府為總統府，日本人離開後留下的所有空間全被外省人給一窩蜂占領。於是清末以來的政權所在地、過去有許多日本人居住的台北，戰後立刻變為外省人比例居高不下的城市，展現出不同於其他地區的特異性格。再加上蔣介石、蔣經國父子長期實施戒嚴令，將台灣治理成警察國家，跨海來台的國民黨相關人士中隸屬特務機關的比例高到不合常理，只憑不確切證據就進行的逮捕、入獄、行刑等事件頻仍。特務機關的活動經常以檢舉共產黨匪諜為藉口，而共產革命的象徵顏色是紅色，所以作為對比，國民黨政權下對台灣民眾的迫害被稱為「白色恐怖」。

兩位唱了「台北不是我的家」的歌手都是本省人，我的編輯朋友也是。儘管他們嘴裡喃喃唱著「台北不是我的家」，內心卻深深被將「台北以外」統稱為「南部」的人們給傷害了。本省人比例高達台灣社會的八成，屬於多數派。之所以只能喃喃自語表達不滿是因為長期以來的獨裁統治限制了言論自由和集會結社的自由。一旦改為民主制，他們的聲音自然也就反映在政治上。

一九八八年蔣經國一過世，原為副總統的本省人李登輝繼位為總統。他雖然身為國民黨員，卻也在民主派學生運動的推動下進行改革，並於九六年的第一次直接民選再度當上總統。接著在二〇〇〇年的大選，「南部」的台南出身、有著「台灣之子」稱號的民進黨陳水扁贏得勝利，幾乎可說是一場無流血衝突的重大變革。

第一次民進黨政權下的二〇〇七年，台灣高速鐵路終於正式開通，台北到南部大都市高雄之間的三百五十公里，最高時速只需一個半小時就能連結。對比於日本新幹線，就相當於每站都停的回聲號列車：從南港出發，離開台北後，經由板橋、桃園、新竹、苗栗、台中、彰化、雲林、嘉義、台南，最後抵達高雄。

高鐵的通車戲劇性地縮短了台北和「南部」之間的距離感。從前的戒嚴時期，學校有教中國地理卻不大教台灣地理，許多住在台北的人們幾乎這時才發現「南部」的存在。如此一來，台北和「南部」之間還有「中部」的事實也浮現檯面，之後才改用「中南部」一詞表示台北以外的地區。

天龍國的人們

因為民選總統、高鐵通車，使得「中南部」一帶開始比較有自信。尤其是懂事以來就已經進入民主制的八〇後出生世代，便無法理解為什麼「台北」總是用一副自視甚高的眼光看著他們、為什麼社會可以接受如此不合理的差別待遇。

由於中央預算總是優先撥給台北使用，基礎建設的完善度也就跟「中南部」大不相同，然而台北竟還把「中南部」當鄉下看。

「一出台南車站，應該到處都是農田吧。」

（站前明明有飯店、百貨公司和大學，怎麼可能到處都是農田呢？）

不只是地鐵、高鐵的建設經費，長年以來對教育的投資額度也有差別。比較考上最高學府台灣大學的升學率，調查結果顯示相對於東海岸台東縣的高中，台北高中生的上榜率多達三十七倍（駱明慶〈誰是台大學生？性別、省籍與城鄉差異〉國立台灣大學經濟學系出版《經濟論文叢刊》二〇〇二年）。

有別於只敢拐彎抹角唱著抗議歌曲的世代，出生於數位時代的年輕人選擇在網路上爆發強烈情感。將台北叫做「天龍國」，以「天龍人」稱呼台北既得利益階層的用語於二〇一〇年代開始流行，就連比他們年長的世代也都能理解此一揶揄，可見得該用法多麼深入人心。這個名稱源自台灣也很受歡迎的日本動畫《航海王ONE PIECE》。

一開始是台灣當局駐多倫多某外交官僚匿名在網路上發表多篇文章，他自稱是「高級外省人」，蔑稱台灣是「鬼島」、台灣人是「倭寇」。他是軍二代出身的外省人，畢業於相當日本一橋大學的國立政治大學政治系，擁有很長的記者資歷，當時已六十歲。

被稱為「鬼島倭寇」的本省人懶得跟他正面交鋒，之後便以「高級外省人」「天龍人」用法泛指充滿階級意識的台北既得利益階層。言下之意是嘲諷「你算哪根蔥呀」。

之後主張「噴水趕遊民」的女性台北市議員；以「癌症會傳染，房地產價格會下滑」為由，拒絕興建麥當勞叔叔兒童之家的高級住宅區居民；一部分毫不遮掩瞧不起別人態度的台北市民，都被譏稱為「高級外省人」「天龍人」，遭到社會的批判。

兩者之間本來就有可溯及二二八事件的重大對立歷史，再加上二〇〇〇年代以後台灣正面臨到逐漸抬頭的中國勢力衝擊。大學畢業薪資長年沒有調漲但不動產價格卻一再飆高，一般收入根本在台北買不起房子的現狀引發了不滿。大家認為「天龍人」之所以擁有資產，是因為大部分殖民時代的日本資產被當成國民黨財產而非國家財產，有部分接收那些資產的「高級外省人」因而取得了莫大利益。

典型「天龍人」馬英九

有關「天龍人」的研究論文指出：他們生於台北長於台北，為政府、國民黨幹部的第二代、第三代，自己也擔任「軍公教」的管理階層。能說標準的國語，大學畢業後到海外留學取得博士學位，擁有美國綠卡（永久居民）或國籍，支持國民黨或衍生分出的新黨、親民黨。外表看起來高雅整潔，講話輕聲細語有禮貌。最佳範本就是二〇〇八年起坐擁八年政權的馬英九前總統。

哈佛大學畢業的法學博士、讓女兒取得美國國籍的馬前總統，外表看起來很有智慧，又是國民黨全力看好的黑馬人選，但從台北市長時代到擔任總統後多次引發失言風波。最有名的是台灣原住民族代表前來陳情時，他竟脫口說出「我就是把你們當人看」之言。和前面提到的「天龍人」一樣，擁有高學歷和看似高尚的外在，已經讓「中南部」的本省人和台灣原住民產生莫名的自卑感，結果他又公然表示「我就是把你們當人看」。

我在電視轉播的台灣金曲獎節目畫面上，看到受邀為來賓的馬英九上台時，擔任主持人的原住民演員立刻露出不快的表情，總統也只好擠出尷尬的笑臉。

相對地，民進黨方面在取得政權前夕和台灣原住民族代表之間交換了「台灣人是由漢民族和台灣原住民族所構成，兩民族的文化必須對等處理才行」的意向書。二〇一六年取回政權後，蔡英文總統代表政府對長年來受到錯誤政策對待的台灣原住民族正式表示道歉。她的祖母是排灣族，同時也對外宣布自己的排灣語名字。另外台灣行政院（相當於日本內閣）發言人，從二〇一八年七月起由阿美族女性Kolas Yotaka擔任，為了傳達正確發音，她拒絕過去慣用的音讀漢字表記，要求使用羅馬拼音。

由於清朝時代長期禁止移民帶妻子同行，來台灣的大部分是單身男性。台灣自古也流傳「只有大陸來的阿公，沒有大陸來的阿嬤」的俗諺。所以台灣本省人恐怕得認定自己身上流有台灣原住民族的血統才算合理。而且從二〇一〇年前後起，主動提及此一事實的人有增加趨勢。年輕一輩也有人會調閱日治時代的戶籍資料，誠心接受自己家三代之前是原住民族。換句話說，對台灣原住民族的毀謗也就是對全體台灣人民的毀謗。可惜身為哈佛大學法學博士的總統卻不能理解這一點。

眷村子弟——朱天心

「我會說台語，可是因為有口音，對方立刻就會露出『明明是外省人幹嘛說台語』的眼光。」

知識分子A先生表情複雜地訴說著。他是我住在台北的外省人朋友。

外省人第二代的他，父母於二次戰後從中國到台灣旅行，結果因為內戰和韓戰的相繼爆發無法回大陸。朋友除了跟馬英九前總統年齡相近，就連身材高䠷、皮膚白皙、標準國語的說話方式等也都十分相似，大概都是在同樣文化孕育下長大的關係吧。順帶一提，馬前總統也是父母從中國逃難途中至香港生下他後才來台灣的。

日本戰敗時，台灣人口約六百萬。這時有一百五十萬的外省人從中國渡海而來；相對地從台灣遣返回去的日本人，軍民合計不到五十萬人。就算接收了所有的房屋和宿舍，還是有一百萬人沒地方住。國民黨政府於是蓋了簡易住宅，尤其軍方大多住在稱為「眷村」的區域裡，過著和一般台灣社會有所隔離的團體生活。

閱讀外省人作家例如朱天心的小說，可以體會孩子們生活在竹籬中那種優越感和不安全感交織的心理。他們一家人叫住在竹籬外的多數派本省人為「老百姓」，彷彿自己的身

米果《如果那是一種鄉愁叫台南》

分高他們一等。可是在她回憶童年時代的散文集《想我眷村的兄弟們》開頭部分提到少女們被孤家寡人的老兵性侵害的故事。原本只想暫時撤退來台的父母過著看不到未來的逃難生活，每日茫茫然也無暇顧及小孩，因此許多外省人第二代或多或少會覺得成長過程中父母的關愛稍嫌不足。朱天心的父親是軍旅作家，母親是本省人的日本文學翻譯家，朱家三姊妹俱成為知名作家。朱天心的配偶和第三代的子女也都在台灣文壇占有一席之地。

相反地，對本省人的孩子而言，外省人居住的眷村會是怎樣的存在呢？

台南出身的作家米果在回顧少女時代的散文集《如果那是一種鄉愁叫台南》提到，小時候如果夜深了還不肯睡覺，媽媽就會嚇唬說「再不睡，小心外省人來了」。他們一家住的紡織工廠宿舍位在眷村旁邊，也就是本省人和外省人交會的最前線。儘管大人們不會明講，但台南有許多二二八事件和白色恐怖的犧牲者。小時候不知道，其實米果家的親戚、學校裡的學長，據說也都有長期被關在離島監獄甚至被處以死刑的人。

另一方面，算不上「高級外省人」，必須得自己確保住處的中下級難民，根本沒有選擇地點的餘裕，只能在隨處可見的空地上搭違建住。台北車站東北方徒步約十五分鐘距離，如今已整理成林森公園、康樂公園的地點，原本在日治時代是公墓。那裡一九四九年以後被貧困的外省人占據，將墓碑當成建材開始搭建木板屋。矗立在前台灣總督陸軍上將明石元二郎墳墓入口處的鳥居直接被當成陋屋的梁柱使用，旁邊還蓋了公共廁所。據說當時明石家的人從日本來打算遷葬，但因無從挖掘起只好作罷。像這樣的木頭違建，光是這一角就至少有一千間。前日本人公墓戰後四十年都化為外省人難民居住的貧民窟。

一九八七年蔣經國總統解除戒嚴令，針對外省籍軍人開放相隔三十八年的返鄉回大陸老家探親，一開始的期限是三個月。據說申請行列中常見已上了年紀、拄著拐杖、坐在輪椅上的退休老兵（當時回到多年不見的老家娶了年輕老婆，慘被剝光積蓄淨身出戶的老兵悲喜劇，一再被台灣媒體報導）。

明石元二郎墓鳥居(林巧攝)

前面提到的知識分子A先生，他的父母也曾一度返鄉並買了房子，但最後仍又回到長年以來已經住慣的台灣安享晚年。相同故事也曾發生在東歐的捷克等地，共產政權崩盤後，許多原先亡命各地的遊子回國後，終究還是無法適應只好再度回到國外。再怎麼思念的故鄉，一旦相隔四十年才能回去，也都跟浦島太郎一樣感覺景物全非吧。

另外A先生本人生於台灣長於台灣，儘管已到花甲高齡，卻因長年生活在「眷村」裡，台語聽得懂但說得不好。

在台灣，一九七〇年代之前出生的人可以從講國語的口音、外觀分辨出是外省人、本省人還是原住民族。而且以外省人來說，即便是戰後出生的第二代仍擁有強烈的反日情結，很難輕易接受日本。例如A先生去KTV聽朋友們唱日本昭和老歌時，總是擔心其中會混有軍歌，覺得〈青色山脈〉的旋律好像有問題，還一再跟我確認「這應該不是軍歌吧」。每一次回答後都讓我暗自在心中嘆息。

②——

「台灣波士頓」

台南是美食天堂

「台南可說是台灣的波士頓。居民都很富裕，家家戶戶都會讓小孩學鋼琴或小提琴。」

聽到外省人A先生這麼介紹時，老實說我有些意外。

台南古都的歷史可追溯至十七世紀的荷蘭東印度公司時代，其實「台灣」這個地名本身乃是荷蘭人登陸台南時遇到原住民族所得知的地名。換言之台灣＝台南。因此有人將台南拿來跟同樣是古都的京都比擬，相反地也有人主張「台南不是台灣的京都，而是台灣的台南」。

話又說回來，A先生雖非哈佛卻也是擁有留美博士學位的眷村子弟，說他至少有一隻腳踏在「天龍國」上應該不為過吧。這樣的他竟用羨慕般的語氣噘著嘴介紹這個人口約一

台南火車站

百九十萬，六大直轄市中敬陪末座，在「南部」僅次於高雄的台南（相當於日本政令指定都市的六大直轄市依人口多寡排列為新北、台中、台北、桃園、高雄、台南。新北乃前台北縣，位於台北郊外）。

前往台南從台北搭高鐵並轉乘自強號需花費兩個小時。一九三六年完工的火車站，細緻堆疊得像白積木，顯得小巧美麗。二樓以前是附設西餐廳的鐵路飯店。米果說她小時候很期待週末跟父母外出時，能到車站二樓天花板挑高的西餐廳享用由穿著白襯衫、黑西裝褲的服務生送來的餐飲。該餐廳據說戰前是用進口的英國餐具盛裝西餐，戰後改成外省人做的中國菜，菜單上有著台灣當時還很少見的麻婆豆腐、宮保雞丁等川菜套餐（可惜西餐廳之後隨著飯店歇業也長期關閉

「再發號」知名的大肉粽

了）。

清朝時代就盛行「一府二鹿三艋舺」的說法。當時清朝官府所在的台南被稱為「府城」，至今台南人仍自認為是「府城人」。台南是具有歷史地位的都市。然而高鐵通車後，來自台北的觀光客增加，與其說是受到歷史魅力吸引，更多是為了其特有的美食文化而來。

鮮蝦高湯的麵條淋上肉燥，佐以滷蛋、香菜和蒜泥等調味的擔仔麵，現在台北也吃得到，但則是不到台南就沒得品嘗。其他像是早餐吃的牛肉湯，一人份約有一整隻虱目魚的鹹粥、蝦仁裹上絞肉和魚漿炸成的蝦卷、炒飯上鋪滿小顆蝦仁的蝦仁飯、鱔魚炒麵等，奇妙的是台南就是有許多其他地方看不到的美食。

滾燙的牛骨清湯中放入生牛肉片，稍微變色就能入口的早餐吃法（牛肉湯），完全是平常中國菜所沒有的概念。而大家習慣在大清早四、五點前來排隊享用，有一說是因為台南過去有牛墟可以買到新鮮牛肉，這道美食乃應運而生。也有一說太陽升起後氣溫會變熱，所以得趁著天色暗時食用。不管怎麼說，這都是一道極具特色的美食。

食物好吃的地方有一共通處，那就是點什麼菜都一樣好吃。在擔仔麵和肉粽店裡還可以點豬腳燉花生、蚵嗲、香腸、燙青菜等小菜和花枝丸、貢丸、魚丸、蛤蜊湯等湯品，風味就跟其他地方有所不同。至於台南特產的烏魚子更是好吃得沒話說。

這些台南美食一般都是由個人經營的小吃店提供，通常都是用日本人想像不到的小型餐具送上桌，所以不太容易吃飽，卻也多了邊散步邊嘗小吃的樂趣。想來應是生活富庶才有的情趣吧。相反地，豆花、紅豆冰、芒果冰等甜品類，不但分量十足，種類也繁多，可以兩三個人只點一份來吃。

誠品書店和奇美博物館

事實上外省人A先生「台南＝波士頓」的說法是有一些根據的。

首先翻開世界史年表，為躲避宗教迫害離開英格蘭的清教徒們，搭乘五月花號抵達美國東海岸波士頓等現在被稱為新英格蘭州的土地是在一六二〇年。東印度公司的荷蘭人登陸台南則是在僅四年後的一六二四年。荷蘭人還從對岸的中國招募移民，用船運送過來，台灣歷史因此有了重大轉變。換言之，美利堅合眾國的歷史和台灣近代史幾乎是同一時期分別以波士頓和台南作為起始點。

台南也和波士頓一樣具有強烈的文化都市性格。

例如在全台灣有超過四十間店，也到香港和中國拓點，並決定於二〇一九年進軍東京日本橋的誠品書店，創辦人吳清友是台南出身的企業家。一九八九年第一家誠品於台北開店時，除了寬廣的空間，更讓愛書人驚豔的是架上的書以藝術和建築類為主，而且品項齊全，包含許多英日文的外文書。書店不僅歡迎顧客隨意拿起一本書站著或坐在地板上閱讀，創立當時便已附設咖啡廳，如今甚至還設置紅酒吧。也有二十四小時營業的店鋪。始終堅持「尊重走進書店裡的每一個人」的經營文化，因此根據統計，平均每個台灣人一年會上五次誠品書店。

固然是理想書店，但若問如此經營方式能賺錢否，聽說是賠本的。然而工專畢業後因銷售餐廚設備事業有成的吳清友為貫徹「豐富台灣人的文化生活才有意義」的想法，據說

奇美博物館

仍不遺餘力援助誠品書店。因此當他六十七歲過世後，其故鄉台南市政府以其「體認到人文素養與藝術的重要性，打造出廣為華人社會知曉的書店模式」的成就審議認定為「歷史名人」。誠品書店創立於戒嚴令解除的兩年後，理想書店的出現可以說讓許多台灣人看到了言論自由的美好具象。

此外，台南還有奇美博物館，乃奇美實業創辦人也是李登輝前總統好友許文龍於一九九二年設立之台灣最大的私立博物館。矗立於九點五公頃的寬闊園區中，造型仿凡爾賽宮殿的奇美博物館，廣為人知的是收藏了上千把史特拉第瓦里（Stradivarius）等名家小提琴，可外借優秀音樂家使用。由於也收藏許多古樂器，該部門的收藏品絕對是世界頂級。另外，西洋美術、兵器、自然科學等部門的充實度比之國立博物館也毫不遜色。

聽說台南出身的許文龍，小時候最喜歡位於住家附近的台南博物館，那是一間不收費的小型博物館。可惜戰後因為國民黨政府的「北尊南卑」政策，使得「南部」文化狀況陷入停滯，於是他下定決心「有朝一日有錢了，要靠自己的力量開博物館」。許文龍高工畢業後，從事化工塑膠等實業，但因平日喜歡演奏小提琴而開始了樂器收藏之路。奇美集團基於許文龍要將古典音樂普及於台灣民間的想法，旗下也擁有交響樂團（奇美愛樂管弦樂團）。

企業家們的家鄉愛孕育出台南的文化土壤，在此潮流下據說台南人說的台語水準也很高。在台北，公家機關、學校、大企業的公用語言是國語，直到民主化後的今天仍持續未變。如此一來，有些人即便在家裡說的是台語，仍缺乏公開場所說正式台語的鍛鍊機會。相對地，台南的大企業連開公司會議都很理所當然地講台語。台北友人南下出差到該公司造訪後驚訝表示：「頭一次聽到水準那麼高的台語，嚇了一跳。」

「府城」的孩子——米果

雖說台南是擁有台灣最古老歷史的「府城」，飲食文化豐富，也的確備受許多有錢人愛戴，但我仍然以為外省人A先生口中「家家戶戶都會讓小孩學鋼琴或小提琴」的比喻太過誇張。搞不好是另一種版本的奇美傳說。

為了小心起見，我直接向台南出身的米果求證。她的說法如下：

「那是真的沒錯，我小時候也學過鋼琴。我家兄弟沒有學，不過同班有男生學拉小提琴。現在已經當醫生的男同學偶爾會在醫院裡開演奏會。」

好一個不可小覷的「府城」台南。

現在的台南大學是日治時代的前台南師範學校，音樂教育水平一向很高，據說畢業生任教小學後，利用課餘兼差教鋼琴的比比皆是。以米果的情況來說，一開始是跟姐姐的導師學彈鋼琴，後來是跟中學的音樂老師學。要想更上一層樓的話，也可找台南神學院（一八七六年由來自蘇格蘭的傳教士所設立）音樂科或大學講師接受個別指導。

米果的小學時代是一九七〇年代。閱讀她回顧當時的文章發現居然和我所經驗過的昭和日本很類似。養樂多阿姨、玻璃瓶裝的配送鮮奶、到照相館拍攝的全家福照片。儘管日本人撤離台灣已過了四分之一個世紀，台灣本省人較多的南部仍瀰漫著濃厚的日本氣息。保留在台語中的日文就是見證遺物，像是榻榻米、枯立普（譯者註：Crepe，通常用來縫製內衣的皺紗棉。）、里亞卡（人力車）、美智子樣、遠足、注文。看似無脈絡可循，反而更顯得深入日常生活之中（事實上這股風潮至今仍持續著，例如已屆更年期的台灣友人都會在自己母親的推薦下飲用「命之母」（譯註：日本市售的婦女保健藥品。）

不過我這麼寫，恐怕會造成台南人的生活方式跟日本很類似的錯誤印象，實際上仍有許多地方跟同時代的日本有所差異。

從小的地方來看，雖然台灣的小孩也會帶便當上學，卻沒有吃冷飯的習慣，每個人都會將便當蒸過後吃熱的，學校也都備有大型的便當蒸籠。米果的母親認為重新熱過的飯菜不好吃，在她讀中學、高中的六年間，每天中午都送剛做好的便當到學校給她。

至於比較大的不同處，台灣到一九八〇年代仍保有實質上的一夫多妻制。米果外祖母有個毫無血緣關係的妹妹（因為兩人從小就是養女），第一次出嫁就成了側室。後來丈夫過世後，又在葬禮上被小姑的丈夫看上，再度嫁作二房。當時小姑除了當媒人外，還將自己的兩個小孩過繼給膝下無子的她。米果在書中特別提到總是穿著正統旗袍、氣質優雅的姨嬤，實在無法跟出現在電視劇中陰險邪惡的「小妾」形象相提並論。

一九三〇年代前出生的女性應該對類似的故事習以為常。主要前提在於女孩出生後，年幼期間就有被送出去當養女的習俗。傳統觀念認為女孩反正結婚後會離家，一開始就不屬於娘家所有。偏偏離開親生父母、尤其是離開母親身邊的孩子，在外面總是會遭遇許多傷心事。現在的台灣，女性走進社會已相當普及，甚至也選出了女總統。另一方面，僅僅上兩代之前男女在家庭和社會的地位仍存有顯著的差別，至今仍深刻烙印在記憶中，以至於形成出生率低於日本的陰影。

「黨國教育」時代

話題繼續回到米果的童年時代。

開始上學後，像她那樣的台南本省人也必須接受國民黨色彩強烈的教育。當時的台灣徹底實施名為「黨國教育」的權威式思想教育。

作文成績優異的米果每年都會站在禮堂前，大聲朗誦以「新學期的抱負」「將來的希望」「中秋節感言」為題的作文，每一篇文章的最後也必定都會以「立誓早日實現反攻大陸的目標，將中華民國青天白日滿地紅的國旗插在秋海棠的每一寸土地上」或是「早日反攻大陸，拯救大陸同胞脫離水深火熱的苦難」作為結語。

當時小學音樂課本中還編列了幾近於軍歌的歌曲。說到那些歌詞，居然唱著「打倒蘇聯反共產，消滅朱毛殺共匪」，令人瞠目結舌。

高喊「蔣總統萬歲」是家常便飯。成為高中生後，就連女生也得穿戴上制服、帽子接受軍事教育（台灣的小學、中學、高中、大學等校園，都配置有「軍訓教官」的軍人負責軍事訓練和指導生活規律）。

一九七二年日本和中華人民共和國建交、與台灣的中華民國斷交時，大家都看了抗日愛國電影《梅花》，一起發誓要打倒「日本鬼子」。一九七九年在南部的高雄市將民運分子一網打盡的「美麗島事件」中，比起自己學校一名老師的失蹤，更讓米果感到害怕的是通緝嫌犯視死如歸的笑容。

孩子們在學校學習國語，接受國民黨「黨國教育」的時候，她那經歷過日治時代的祖父母只會說台語和日語，連孫子們國語發音的姓名也聽不懂。相對地也給孫子們留下對日本模糊卻充滿質感與溫度的印象。

米果的父母都是小學一畢業就進入工廠做事，結婚後父親獨力開了一間紡織工廠，母親則在家養育四個小孩。父母那一代之後開始了戀愛結婚、一夫一妻制。經濟成長將中產階級的生活帶進台灣的家庭裡。黑白照片中的父母每一季都穿上新式服裝，儘管歲月更迭，但臉上不變的笑容卻是最好的證明。當然這並非放諸四海皆準，但至少意味著米果的童年時期十分幸福。

小時候聽祖母唱的日本童謠「啵、啵、啵、鴿子啵啵」，相隔四十多年後她在第四台播放的ＮＨＫ電視劇《山茶花文具店》又重新聽見，這才發現「啵、啵、啵原來是日文中鴿子的叫聲」，立刻寫在臉書上分享，引發許多追蹤者「我阿嬤也唱過」「我也是」「我也是、我也是」的廣大迴響。和祖父母間的這種交流，是好不容易越過台灣海峽而來的外省人第二代無緣享有的經驗與記憶。

外省人的「故鄉」

比較戒嚴令下的外省人和本省人，毋庸置疑在政治面和社會面都屬前者較為有力，然而論及經濟面就難分高下了。外省人多半是「軍公教」，照理說待遇要比民間好；相對上又都遠離故鄉，失去地緣、血緣和家產、長期以來處於前景黯淡的狀況，所以許多人回首從前都有種困頓窮苦的感覺。看來所謂的「高級外省人」不過只是一小部分的例外吧。

比方說外省人第二代的知名作家龍應台，身為警察子女從小在南部各地輾轉流離。文章中曾提到當時的生活貧困，父母得跟朋友借錢繳學費。後來她靠獎學金留學美國取得了博士學位。

聽米果說，台南人都希望能買土地，就算小也要蓋間自己喜歡的房子。因為南部氣溫高，窗戶大多開著，所以外面得裝上鑄鐵窗。但米果父親受不了跟監獄似的四方格鐵窗，便自行設計訂做出兩匹馬拉馬車的格子窗花，偶爾有不認識的人經過看見還會誇讚幾句。

相較之下，台北則是充斥著毫無個性的低樓層公寓。那是因為有住屋需求的人很多，加上有日治時代公家宿舍等整片土地的流通。另一方面原本無心根植於台灣的外省人，對房子比較不那麼執著也可能是原因之一吧。根據寫有多本關於台北建築著作的作家水瓶子表示，由於一九六〇年代到台北就職的中南部人口增多，為解決住屋不足問題，拆除原有的木屋就地重蓋四五樓層、沒有電梯的水泥建築，其中一部分房子低價賣給原有住戶的外省人。

過去唱著〈台北不是我的家〉時，本省人的胸口確實隱隱作痛。同時另一方的台北＝外省人恐怕也有「台灣不是我的家」的感受吧。對他們而言，應該回去的故鄉是中國大陸，所以戰敗流亡時用「鬼島」稱呼避難地的台灣、叫台灣人是「倭寇」。隨著回不去的日子久了，我的朋友外省人A先生儘管長年說自己是中國人，卻也無法認同中國的政治制度和政黨政權。「親中反共」就像是解不開的智力連環套。

龍應台在回顧小學時期的文章中提到「很羨慕台灣本省人同學可以請喪假」。被迫斷捨親戚關係的外省人子弟們沒有祖父母過世的經驗，傳統祭祖的清明節也沒有讓他們除草的墓地可去，當然也不會有眾親戚聚集墳前吃便當的經驗。身為敬祖觀念根深柢固的漢民族，許多外省人第一代是在感嘆「但願早日回故鄉掃墓」中死去的。

成長於北部眷村的朱天心曾白紙黑字寫下「沒有祖墳的土地就不是故鄉」。以她家的情況來說，因為母親是台灣本省人，小時候一放暑假就會去在鄉下開醫院的外祖父家玩。像日本小孩一樣穿上浴衣、甚平（譯註：浴衣和甚平都是和服便服，前者為束腰帶的長袍，後者是五分短袖的上下身褲裝。）還會學習日本音樂教科書中的兒童歌曲；但其實以父親這一邊為主的父系家長制思想更為強烈吧。實際上家譜上列名的也只有父系親戚。

往南青年

且不論波士頓之比喻恰當與否，台南是台灣本省人文化的大本營。就此意義而言，也算是足以跟外省人集中之台北市相提並論的都市。

例如，台北最熱門觀光景點的故宮博物院，裡面陳列了國民黨政權費盡千辛萬苦搬運過來的歷代中國王朝寶物。固然那是用來證明自己政權正當性的手段之一，但要跨越台灣海峽搬運大量的寶物仍是一件難以想像的大工程。另一方面，台南有台灣歷史博物館和國立台灣文學館，生動地展示出根植於台灣這塊土地、以原住民觀點和台灣人觀點回顧的歷史。在文學館可透過不同的耳機聽到許多原住民族語言的搖籃曲。此外也不能忘了奇美博物館的存在。

雖然在台北，原先是上海風味的小籠包和源自中國西北部的牛肉麵大受歡迎，門前老排著長長的人龍；來到了台南，即使要天亮之前起床，都非得嘗嘗別地吃不到的當地風味吧。

在台北用來彰顯中華民國國父孫中山和蔣介石的巨大廟宇（國父紀念館、中正紀念堂）至今仍占據著市中心的龐大土地，不時會遭到反對派人士潑灑紅漆。而台南則是保有大航海時代荷蘭人建的熱遮蘭城、普羅民遮城遺址（現安平古堡、赤崁樓），還有供奉將荷蘭人趕走的漢人民族英雄鄭成功的延平郡王祠，他的母親也被供奉於一角。他的母親田川氏是長崎平戶的武士人家女兒，鄭成功小時候曾在平戶生活過一段日子。聽說江戶時代在長崎擔任「唐通事」（中文翻譯官）的子孫至今仍在日本傳宗接代。

二十年前，年輕人走出故鄉投奔的目標只有台北，但近年來考慮到台南開間小店的年輕人增多了。

最近常用「北漂」一詞形容到台北求職、遷居的現象，聽起來有股「沒有其他選擇」的無奈感。網路上列有歷代的「北漂歌曲」名單，〈鹿港小鎮〉〈向前走〉也都高居前幾名。至於在美國長大的外省人第二代王力宏搭上馬來西亞華僑黃明志饒舌配唱的〈漂向北方〉（二〇一七年），其中的北字指的是台北還是北京，似乎有故意混淆之嫌，平添許多的不安感。

相對地，往南部移動則是給人有夢想、新價值觀的感覺。聽米果說，台南是部落格興起的二〇〇五年左右開始逐漸受到矚目的。一些台北傳統媒體不感興趣的話題經由新媒體得以傳播出去了。

台南出身的年輕人從海外學成歸來，將阿嬤住過的老屋整修成漂亮的民宿了（謝宅），不僅是單獨的建築物而且整條街要推出新風格了（正興街）；有的人開了專賣台南、台灣歷史相關書籍的書店（聚珍台灣），還有一百年前傳說中的百貨公司（林百貨）也捲土重來。不知不覺間台南已成了住在其他地方的台灣人和來自日本等地的外國遊客經常造訪的觀光勝地。

台南受到外界關注後，難免會產生房租、土地增值等仕紳化（gentrification）的弊害。可是比起大家心中只有台北的時代，人們能夠一一發現中部、南部、東海岸等不同地方擁有各具特色的城鎮，這樣的時代絕對是更好的時代。相信在目標朝向南部的台灣年輕人們心中，應該認定著「台灣是我的故鄉」吧。

第二封／母語和國語的物語

①

多種語言共存的海島

四種語言的廣播

在台北一搭上地鐵就會聽到用四種語言播放的站名，分別是國語、台語、客語和英語。

最後一個是為了來自外國的旅客。

前三個則是為當地的台灣人而設。

台灣的官方語言是國語。成立於二戰之後，已經有超過七十年的歷史，算是大部分的人都會說的語言了。

其次的台語是台灣最大族群福佬人（來自中國福建省南部的人們）使用的語言。以前稱為閩南語。

最後的客家語是比福佬人晚到，來自廣東省東北部的客家人說的語言。福佬人和客家人合稱為台灣本省人。

中國話的方言差異，簡單來說就像歐洲各種語言的分歧，例如英語、德語、法語、西班牙語等。

如果你問我：「在日本會是什麼樣的狀況呢？」我的回答是：「在日本就像是日語和韓語那樣吧。」

「那豈不是彼此無法溝通嗎？」

的確就是那樣。人們各自說著南轅北轍的語言，共同生活在略小於九州的土地上。那就是台灣社會。

打開台灣的電視，除了說國語和台語的頻道外，還有客語頻道和原住民語頻道。雖然是民主化臻於成熟的一九九〇年代以後才有的，但對台灣人民而言早已是理所當然的現象。在學校除了教官方語言的國語外，也實施母語教學教授其他語言。

收看電視的綜藝節目時，主持人先是講國語又臨時改成台語，聽到的來賓也不以為意，習以為常地用國語回答。台灣電影中出現國台語夾雜的台詞對白也是屢見不鮮。電視廣告上會出現父執輩說台語，子姪輩則用國語回答的畫面。甚至有年輕女子用日語跟高齡祖父母說話的場面。看來是一種對老人家的的體貼表現，因為他們受過日語教育。

日語是經常存在於台灣社會的外來語言。就學習經驗而言，固然在學校必修的英語比較普及；但深入日常生活的程度，或許日語更具有存在感。舉目一看台灣街頭，源自日本的壽司店、拉麵店、牛丼店、定食店等招牌遠比來自美國的速食店醒目，電視也經常播放日本的新聞和動畫。台灣人可和日本人同步表達對西城秀樹和櫻桃子（《櫻桃小丸子》作者）死訊的哀悼之意。

那麼日語在台灣到底通不通呢？七十年前或許可以，但現在可就難說了。在車站售票口和飯店櫃台用國際語言的英語溝通會比較順利。

進入台灣島的語言

搭乘環繞台灣島的鐵路到東海岸旅行時，車內廣播變成了國語、台語、客語和阿美族語。阿美族語是台灣原住民族中人口最多（約十五萬人）的阿美族所使用的語言。

台語、客語和國語同屬於漢藏語系，原住民族語則是和菲律賓、印尼、馬來西亞等地語言同屬於南島語系。那是遍布在南太平洋地區，西從非洲海域的馬達加斯加島、東至智利近海的復活節島、北從夏威夷島南到紐西蘭的語言群組。說話者的外貌和生活方式也都給人彼此類似的印象。

福佬人、客家人等不同時期來自中國大陸、講著不同方言的集團相繼渡海移民到台灣原住民生活的小島上。大航海時代以後遠從歐洲來的荷蘭、西班牙，還有日本、美國等野心勃勃的國家來過又走。而史上最大的移民集團則是二次戰後五年間跨海而來的一百五十萬外省人集團。

以研究台語聞名的王育德博士（一九二四－一九八五），在他的著作中寫道：「各種人來了又走一再重複後，留在這個島上的人就是台灣人。」近年來因為少子化造成勞動力不足，於是積極從東南亞引進勞工和配偶。結果街頭上賣越南料理、泰國菜的店家增多了，小學家長會上看到外國出身的媽媽也不足為奇，甚至有很多人認為這樣很好。看來台灣還真是名副其實的移民社會。

②——

國語和母語

三代同堂的國語和母語

生活在日本很難想像父母、子女、孫子女的國語和母語各不相同，那種情況在二十世紀的台灣確實發生。

事情緣起於中日甲午戰爭。明治維新經過二十幾年，企圖躋身列強的新興日本和日暮西山的大清帝國為了爭奪朝鮮半島而戰，遠遠浮現在南海上的台灣卻遭到池魚之殃，被迫從清廷手中割讓給日本。

當時台灣的人們跟隨著先祖的傳承，彼此用互不相通的語言生活著。王朝時代的中國只有從中央派遣到各地赴任的官員基於工作需要必須說以北京話為基礎的官話，一般庶民只會說當地的語言。台灣也是同樣的狀況。

接受我採訪的友人家族早在清朝時代就由福建省遷居到台灣。當時台語被稱為閩南語，他們家說的則是閩南語中的漳州話。

「話說回來，據說祖父是曾祖母前夫的小孩，真正的血緣並不清楚。我家也沒有族譜可考。」

他的祖父在台灣成為日本的一部分時，就進入總督府為推廣日語而設立的國語學校就讀，畢業後任台灣兒童就讀的公學校（相當於小學）教師。之後和同校的女老師結婚，生育了十二名子女。父親是老么，一家人都住在公學校的教師宿舍，鄰居盡是日本人的教師和眷屬，於是平常習慣說台語的祖父母漸漸在家中也開始說日語，用日語教養子女。

「因為祖父母都是認真教學的老師，平常在學校怎麼教學生，回到家也就怎麼教自己的子女吧。」

到了排名十二的友人父親出生時，日本年號已改為昭和。對於日本的生活方式也習以為常，日語不但是國語，甚至也成了家庭裡的日常語言。

「所以我父親的母語一開始就是日語。雖然祖父母都是台灣人。據說鄉下老家書架上擺的是祖父母訂購的平價日本文學全集、世界文學全集。不管是家人們嘴裡哼的還是阿姨合唱的也都是日本流行歌曲，像是〈月夜下的沙漠〉。」

「國語家庭」的門牌

看來大正自由主義的摩登社會氛圍也來到了台灣地方都市。地方都市的學校老師屬於當地的知識階級。儘管在薪水等待遇上，和日本人教員享有的仍有明顯的差距，但他們一家人過著幾乎和日本人教員相同的生活方式，大概也有一部分能享受到身為中產階級的樂趣吧。然而這一切都隨著中日戰爭的爆發而全然改變。

「國語家庭」的戰時與戰後

從九一八事變（一九三一年）到盧溝橋事變（一九三七年），中國大陸戰火一發不可收拾。為了配合日本國內軍國主義的蔓延步調，殖民地台灣也開始實施促進當地人民同化（日本化）的皇民化運動。

具體而言有：傳統的宗教信仰、基督教信仰遭到禁止，強制到神社參拜。勸導將姓名改為日本式姓名。鼓勵家庭內使用語言完全變更為日語。所有措施都是為了和當時的日本一樣，製造出為天皇而戰在所不惜的皇國臣民。

一旦被認證為家庭內只使用日語，就能獲頒一塊寫有「國語家庭」的木牌掛在門牌旁邊，可享有配給等方面的優惠。可是朋友忿忿不平表示：

「常常有人說我們家是受到食物吸引而成為『國語家庭』，但其實是家裡本來就只說日語，才不是投機看中配給條件開始的，應該說那只是以前生活方式的集大成結果吧。」

二〇一四年以無黨籍當選、二〇一八年連任再度當選的台北市長柯文哲也和朋友一樣是本省人家庭出身。剛開始選舉時被國民黨陣營攻擊是「促進皇民化的教師子孫」，選情一度告急。然而實情就像朋友的祖父母一樣，不過是當時的台灣教員認真工作地聽命行事罷了。可是日本戰敗，新的統治者來自戰時原為敵國的中國大陸，從此幾十年來那些教員和家屬們只能保持沉默。

由於戰時友人的父親還是少年，沒有直接涉入戰爭，但因從出生起只聽說日語，生活在日本人較多的環境，讀的是日本人學校，似乎也深信自己是日本人。

「妳知道當時的國定教科書上有一篇〈國歌少年〉的課文嗎？故事是說昭和十年（一

九三五年）台灣發生大地震時，一名受傷瀕死的當地少年直到最後都只說日語，甚至臨終前還唱完〈君之代〉國歌才氣絕身亡。那是皇民化的教材，故事真假很可疑，但我父親感覺上應該也像那樣吧。」

另一方面，年紀再大一些、身為軍人或軍夫而上戰場的年輕人們，心情更是複雜。家中學業成績最優秀也長得最英俊的二伯，一向愛好文學，也志願和祖父母一樣擔任教職，但在內心煎熬下仍志願參軍，成為日軍少尉。

「經過幾十年後，我曾經問過二伯，為什麼一個難能可貴的文學青年會想成為日本軍人呢？結果二伯回答說『就是為了不想輸給日本人。要想贏過日本人就只能成為日本人。所以才一心想成為日本人』。可見得生於大日本帝國卻是二等國民的台灣人有多麼的不甘心。」

像這樣台灣人被捲入了日本的戰爭，必須和祖國的中國為敵。最後日本在被撲滅前無條件投降，根據同盟國英美中三國發表開羅宣言、波茨坦公告，日本決定放棄包含台灣的所有海外領土。

中華民國接收之後

人們總是以後世的高度回顧歷史。所以今天任何人都知道日本統治台灣始於一八九五年，經過半個世紀後於一九四五年結束乃不爭的事實。可是生活在該時代的人們對於中日戰爭、太平洋戰爭的結果、台灣的歸屬將產生如何變化，誰也無法料想得到。豈知因為日本的戰敗，讓好不容易當上日本人的自己又得面臨改為中國人的命運。

日本的「投降」帶來台灣的「光復」。究竟台灣人是戰勝還是打了敗仗呢？以日語接受教育，幾乎沒學過任何漢語知識的多數台灣人，似乎一時之間還無法進入狀況。由於太平洋戰爭末期，台灣各都市遭到聯軍空襲，戰爭結束當然是大多數人的希望。可是考慮到決定割讓台灣的馬關條約為正式的國際條約，堅信不移地認為台灣是日本永久領土的人們也不在少數。畢竟殖民地獨立成為世界潮流是在第二次世界大戰以後才有的事。

原本簽締馬關條約將台灣割讓給日本的滿清政府於一九一一年被孫文發起的辛亥革命給推翻，翌年成立中華民國。中國經歷五四運動後才開始實施國語（以北京話為基礎的標準語）教育。不過當時的台灣已屬日本領土，台灣人沒有學習說中文的機會。一切近代化的洗禮都是在日本統治下以日語接受的。

台灣也有廣播昭和天皇親口宣布的終戰詔書。翌月來自中國大陸準備接收台灣的部隊一登陸，人們立刻揮舞著青天白日滿地紅的中華民國國旗表示歡迎。但因登陸時國民黨軍隊的模樣十分狼狽，讓當地民眾感到衝擊的傳言至今仍時有聽聞。相反地，也有證詞說國民黨士兵們對台灣社會的清潔、有秩序留下驚奇的印象。

戰爭結束時，住在台灣的日本人之中也有人向新政府陳請希望能繼續住在台灣。結果基於開羅宣言、波茨坦公告只有少數的技術人員、學者被通知留下，其他人奉令全部遣返回日本本土。允許帶回日本的只有每人現金上限一千元和兩個背包的行李。大部分的遣返行動是在一九四六年二月到一九四九年八月間完成的。

日本人遣返後留下的職缺和住家，陸續被來自中國大陸的國民黨相關人士接收。在侯孝賢執導的自傳電影《童年往事》中，男主角的父親受到當時任台中市長的老同學邀約，從中國大陸渡海來台當教育局局長。看在來自中國的外省人眼中，日本放棄的台灣是他們的戰利品，所以可隨他們高興瓜分。根據某作家的說法，以國民黨官僚身分登陸台灣的親戚在路上看到喜歡的住家便將名片貼在大門上，那就是接收的意思。看到為所欲為的外省人，台灣本省人知道在新祖國中華民國的台灣省裡，自己再度被打上二等國民的烙印。

朋友說：「祖父花了一生成為日本人。長年任職公學校成為教務主任，最後當到副校長。看見當年照片裡的他，一身小立領的文官裝束很是帥氣。然而戰後國民黨從中國進來後，卻因不會說中文的理由遭到左遷。」

台灣社會受到中國大陸內戰的影響，物價開始節節高漲。加上公務員的貪汙瀆職一再發生，友人家裡用「阿山」蔑稱國民黨系的外省人。隨著阿山的變本加厲，眼看著庶民的生活比起日治時代每況愈下。接著因為戰後一年半就發生二二八事件，造成台灣社會之後長達半個世紀的分裂狀態。

戰後復員的伯父英俊有才氣，被地方年輕人視為導師，結果他也被捲入二二八事件。

「伯父原本是軍人，隨便看一下狀況也很清楚這是一場不可能勝利的抗爭。可是他無法抑制住那群血氣方剛的年輕人，有些人行為失控，以致最後全軍覆沒。」

被當成首謀的伯父逃亡半年後自首，雖然被關進牢房，據說後來家人私下塞金條給獄守才得以出獄。

從小以日語為母語長大的朋友父親，戰爭結束當時是小學生。有一天突然校長換成外省人，教科書也改成中文，國籍也變成中華民國。

「就像新教科書上寫的，說什麼『我們是堂堂正正的中國人』。明明到昨天為止念的還是〈國歌少年〉的課文。」

語言和民族認同感總是手拉手而來，不管是在日本統治下還是中華民國的統治下。原本國語和母語都是日語的父親不只在學校得改學國語的中文，回到家還得跟祖母學習說台語。以前也教過書的祖母用《三字經》教導么兒學習台語。開頭為「人之初，性本善」的三字經是中國傳統的啟蒙教材，三字一句，全文約千字。押韻順口，內容講述儒家道德和一般常識，即便是幼兒也能記憶背誦。透過用台語學習該詩文，可同時學會台語發音和漢文的基礎文法（中文）。用日語教《三字經》，是前教員的祖母才能做到的高度家庭教育。

國語和認同感

儘管朋友的父親國籍變成中華民國，國語變成了中文，但他和同世代的朋友之後仍繼續使用日語交談。小他三歲的母親戰爭結束時是小學低年級生，固然會說日語，但沒有父親那麼流暢。日本統治台灣五十年之久，戰爭結束時對台灣人進行的同化已接近完成。儘管如此，日本撤退後始終持續說日語也只限於一九二〇年代到三〇年代前半出生的世代而已。其中的代表人物就是身為第一位本省籍總統的李登輝。

朋友的父親考上大學讀經濟，任職銀行後自行開設公司，從事和日本貿易等業務。據說戒嚴令下，法律系是外省人的天下，本省人在文科方面通常讀經濟，理科方面則是選擇將來可獨立開業的醫學院。他讀完家中祖父留下來的日本文學全集後，接著到以賣盜版日文書聞名的書店購買司馬遼太郎等人作品。（今日在台灣智慧財產權已普遍受到保障，再沒有店家敢公然出售盜版商品。）

如今已年過八十的父親最大興趣是閱讀日文警察小說。

「聽力越來越差，不管是台語還是國語都聽不清楚了，奇妙的是只有日語還聽得懂。」

一九六〇年代出生的友人對祖母而言，只因是心愛么兒的長子，所以從小到大寵愛有加，備受弟妹們的嫉妒。

「從小是祖母教我台語和日語，所以我的母語是台語和日語。開始使用中文是在讀小學以後。」

當時一個班級有五十名學童，其中外省人只有五、六人，大多是公務員和警察的小孩，住在日本時代的公家宿舍或駐在所。雖然上課期間使用中文，在學校裡也禁止講日語和台語，但放學後孩子們的世界則是充斥著摻雜日語的台語。

「像是撲克牌的名稱、朋友之間的綽號等還是用日語說，如今回想當時並沒有意識到說的是日語。儘管日本人已不在台灣了，毋庸置疑日語文化直到一九六〇年代仍然是台灣文化的一環。」

祖母直到過世前都持續用片假名寫日記。朋友從小在那樣的家庭中接受充滿關愛的教育，但是到了小學升上中學時，受到國民黨主導的「黨國教育」感化，便開始確信「中國人應該說中文」。

「那是洗腦教育的結果，為了將台灣人同化成中國人。我是優等生，自然十分想成為堂堂正正的中國人。加上我又是班級幹部，既然校規禁止說方言，一旦發現有同學說台語就會出聲制止，罰他們在胸口別上『我不說方言』的牌子。有時還會罰錢。結果我太自以為是，居然在家中對父親說了那句讓我永生追悔的話。」

說到這裡，朋友突然止不住嗚咽而沉默。不久才又難掩寂寥地接著說下去：

「我居然說出『不要說方言，身為中國人就要說中文』。結果父親以平靜的口氣回應『我以出生為台灣人而驕傲』。」

經過這件事，朋友開始對學校所教的內容產生懷疑，也開始涉獵各式各樣的書籍，包含祖母為他奠定日語基礎的日文書。有一天他去造訪當過日軍少尉的二伯家，發現滿滿一書架的日本文學作品，其中有島崎藤村（譯者註：一八七二—一九四三年，日本小說家、詩人。）的《破戒》。《破戒》主角來自受歧視部落，小說描述了他的苦煩惱悶與決定公開身世的心路歷程。

「那可是藤村呀！是《破戒》呀！我才驚覺原來生為台灣人這件事是多麼讓二伯深感苦惱。當下我很受衝擊，而更讓我受衝擊的是二伯的孩子們，也就是我的堂兄弟們居然沒有人看得懂日文，所以他們完全無法理解自己的父親讀過什麼、因何而苦惱，雖然明明家中有一整櫃的書。」

少年工之子——吳明益

戰爭的結果曾經是國與國之間的領土轉移。看在那些土地上生活的人們眼中，則是統治者、居上位的人改變了。新統治者的語言被強制當成國語，過去使用的語言遭到禁止，讓人們個個都承受了莫大的痛苦。日治時代長大的台灣人由於只受過日語教育，要他們改用中文便帶來許多困擾。經過好幾十年書寫能力僅限於日文的人仍屢見不鮮，而他們的子孫輩也只能心情複雜地看待此一事實。

對於從小就接受國民黨政府「黨國教育」的年輕世代而言，其實很難理解父母為何終身守著日本文化不肯放手。就算長年一起生活，彼此說的話南轅北轍，收到來信也不完全看懂。那是語言問題，是文化問題，是時代問題，也是政治問題。語言不同阻礙了親子交流。那種試圖理解卻茫然無措的表情，我也曾多次親眼目睹。

位於神奈川縣的高座海軍工廠在太平洋戰爭末期有八千名年僅十來歲的台灣少年工作過的事實，在台灣廣泛被知曉是因為二〇〇六年紀錄片《綠的海平線》（SHONENKO＝少年工）的公開上映。擔任電影旁白的是台語搖滾界龍頭林強。我有幸跟那些人的子女們見面也是最近幾年的事。

《天橋上的魔術師》這本充滿奇妙氛圍的小說在日本已有翻譯出版並廣受好評。下一本的《單車失竊記》也入圍了英國布克國際獎（Man Booker International Prize）提名。作者吳明益來日時曾提到「我的父親從前在高座待過」。

吳明益的父親戰後回到台灣有了家庭，在社會逐漸富足的一九七一年生下了他。養大包含他在內的九名子女的地點是過去位於台北車站南邊，如今已不見蹤跡的中華商場，一個巨大有如軍艦的購物中心。父親在那裡開鞋店，一家人的起居就在樓上約兩坪大的空間裡。當年的氣氛在《天橋上的魔術師》書中有詳實的描述。那裡有說台語、日語、福州

《天橋上的魔術師》(白水社出版)，封面是中華商場。

話、山東話和阿美族語的人，就是沒有人會說標準國語。至於作品整體醞釀出魔幻又真實的奇妙氛圍，多少跟作者的父親如墜五里霧中的前半生有所關係吧。

父親戰時人在日本一事，吳明益很早就知道，因為父親每年都會出席同學會。可是父親在學校老師勸導下前往日本時只是年僅十三歲的少年工，卻是於父親過世後整理遺物時意外得知的。過去以日本人身分參與製造雷電戰鬥機的父親，沒有跟兒子訴說自己的人生歷程便撒手人寰。

父親戰後幾經辛苦終於能回來台灣，然後開了一家小店，也擁有自己的家庭。可是同樣的少年工裡也有人遭遇空襲身亡，無法回歸故里。知道這些歷史後，吳明益一有機會來到日本，首先就前往高座到慰靈碑前合十致哀。

「沒想到上面只寫有『台灣戰歿少年』，沒有一一列出他們的名字。因為日本的戰爭而死，也無法回到故鄉，卻連墓碑上留下名字都不能。」

我無法忘記他一臉憮然說出這段話的神情。

彷彿要重現他和父親之間生前沒有過的親子對話，他寫下了長篇小說《睡眠的航線》（二〇〇七年）。那是以短篇小說和散文出道的他第一次寫的長篇作品，結構是讓父親和自己的敘述在不同篇章中交互出現。另外，入圍布克國際獎提名的《單車失竊記》裡，敘述者的父親失蹤於中華商場拆掉的隔天。二十年後敘述者為了尋找行蹤不明的父親和被偷的幸福牌單車，開始了一段記憶之旅。

成長於日治時代的父親在其他作家的作品中，也多半被描寫成沉默寡言的存在。年輕世代總以為那是一種日本式的性格和作風，但其實可能跟語言問題有關的疑惑，在戰後經過六十多年才終於浮現。吳明益的作品可說是以台灣人立場清算日本殖民統治歷史的後殖民小說，在國際上也獲得極高的評價。

〈愛你入骨〉——傅月庵

另一方面，知名的文學作品編輯傅月庵的〈父親〉一文收錄在標題為《父子》的散文集中。筆下詳實描寫出非比尋常的父子關係。

戰後從高座海軍工廠回到台灣的父親，結婚生下四名子女。可惜時運不順，後半生過得失魂落魄。每晚都要喝便宜的米酒，一喝醉便醜態畢露，高聲唱出台灣也很流行的日本歌〈愛你入骨〉（一九六六年發行）。傅月庵從小學時代聽多了這首歌，自己也能朗朗上口。

事實上他父親在高座的期間，他的祖父和伯母也在東京工作，可是兩人於一九四五年三月一日的東京大空襲中遇難。當時還只是十來歲少年工的父親基於長男的責任，用空盒子裝了一些空襲最嚴重的兩國地區泥土帶回台灣。傅月庵後來造訪東京之際，每次搭乘總武線電車快要接近兩國車站時心跳便加快，很難保持平靜的心情。遺骨的缺失和〈愛你入骨〉形成詭異的對照。

戰爭結束後，他父親既不想成為會說國語的中國人，也和接受國民黨「黨國教育」的子女們時常起衝突。就像吳念真執導的《多桑》主角一樣。傅爸爸因為會說日語，大阪博覽會之際受雇為中華民國館的廚師助理。對他而言可說是戰後唯一燦爛輝煌的時刻。

當兒子到離島當兵時，父親寄來了一些信。問題是兒子看不太懂日式中文的內容。晚年因為腦溢血的後遺症臥床多年，身為兒子的傅月庵扛下照顧責任。死期將近的父親動不動就心情不好，但當一九九〇年代的民主化賦予選舉權後，他強烈主張要給國民黨重重一擊，硬是要兒子背他去投票所。結果號稱「台灣之子」的民進黨陳水扁當選總統。父親高興到流下眼淚，短短幾年後陳因為涉嫌貪汙被起訴一事，身為兒子的他感覺到對父親的嚴重背叛而忿忿不平。

覺得自己似乎能理解父親心情是在父親過世的兩年後。走在北京以賣古董書畫聞名的琉璃廠時，恰巧發現蓋有南滿洲鐵道株式會社藏書章的日文資料便隨手一翻。突然間難以置信地不知從何處傳來〈愛你入骨〉的旋律。冷不防遭遇此景的兒子當場恍然佇立，再回過神時已滂沱淚流。

傅月庵的姐姐林皎碧是很優秀的日本文學翻譯者，從夏目漱石、芥川龍之介、三島由紀夫、永井荷風到澀澤龍彥，曾將許多名家小說翻譯成中文。固然高座海軍工廠的少年工多達八千人，其中有好幾人的下一代成為重要的文學家，究竟這意味著什麼呢？

③——

變樣的「台灣」與學生運動

台灣共同體——吳叡人

我去台北郊外造訪中央研究院，從南港展覽館站搭計程車約五分鐘的距離，研究大樓林立在綠蔭山丘下。雖然離市中心有點遠，但因外面長有茂密的亞熱帶樹木，建築物內的空調也起作用，感覺是很舒適的研究環境。

中央研究院於一九二七年成立於中國的南京，為中華民國總統府直轄下的最高學術機關，分屬在人文社會科學、生命科學、數理科學三大組別下，合計設有三十一個研究所。其中台灣史研究所是二〇〇四年才正式設立的新組織，目前有研究員二十人，全部都是台灣本省人。

我要採訪的吳叡人博士在戒嚴令下的一九八〇年代，從就讀台灣大學時起便不畏

吳叡人博士

「白色恐怖」的危險，當上大學民主化的學生運動先驅者，後來也成為台灣民族主義研究的權威。還將民族主義研究經典的班納迪克．安德森（Benedict Anderson）所寫的《想像的共同體》翻譯成中文。聽說他和作者之間交往也頗深。安德森在書中提到：「隨著印刷技術普及，當讀到相同語言書寫的作品時，人們開始對自己所屬的國家有所想像，民族國家也就應運而生。」那麼一直以來總是存在多種語言的台灣，人們又是如何想像自己生活的社會呢？

敞開研究室大門歡迎我來訪的吳博士，一聽到我的提問，立刻口若懸河地解說。不管是國語、台語、日語還是英語他都運用自如。

「戰後經過七十年，台灣的年輕世代才終於能夠使用同一種語言說話了。一九八〇年代以後出生的世代，光聽其說話已經無法分辨對方是本省人、外省人還是原住民族。然而他們說的卻也跟其他地區有明顯不同，是屬於台灣特有的中文。他們的上一代說話還各自保有不同的口音，能輕易推測出父母的出身地和支持什麼政黨。」

之所以產生如此的變化，其實有兩個背景因素存在。

「一個是世代交替，另一個是國際環境的變化。具體來說，中國在世界的地位水漲船高。對台灣而言，兩者都發生在二〇〇八年。就在國民黨相隔八年重新取回政權，馬英九當上總統的那一刻開始。」

台灣戰後，蔣介石父子的獨裁統治持續到一九八八年。嘴裡喊著統一中國的國民黨，事實上除了台灣其他領土全被共產黨給搶走了。但為了將中國政權的幻想加諸在台灣人民身上，不但強制將中文定為國語，史地課也只教中國史地。那段期間完全不教台灣的孩子們台語、台灣史和台灣地理。中學教材加入台灣史是在一九九七年。中央研究院裡設置台灣史研究所是在二〇〇四年。

「台灣歷史是多重殖民的歷史。過去原住民族生活在島上時，漢人從中國大陸跨海而來剝削他們。之後滿清和日本等外來政權相繼入侵。好不容易日本的殖民時代結束了，這次又換國民黨來了。國民黨對台灣的統治可說是無宗主國殖民統治。因為國民黨理當回歸的祖國被共產黨奪走了，卻又在台灣社會壟斷了權力、經濟和高級文化。而且為了以少數支配多數，在各地釋出利與權給一小部分的本省人吸附為政治協力者，形成長年蝕壞台灣政治的腐敗根源。」以前的台灣有強烈批判「黑金政治」的聲音。黑是「黑道」流氓，金是金權。雖然隨著民主化而有所改善，但也不能說是一掃而空。

「到了一九七〇年代，台灣經濟開始發展。政治領域方面，『黨外』民主化勢力開始積極發行雜誌，像是《台灣政論》《美麗島》等刊物。《美麗島》編輯部七九年底在高雄主辦的示威活動遭到鎮壓，送軍法審判的八人全數入獄，日後卻都成為民進黨政權的中樞活躍政壇。當上總統的陳水扁則是當年他們的辯護律師。」

一九八七年終於解除了戒嚴令。隔年蔣經國的死讓李登輝副總統成為第一位坐上總統大位的台灣人。李登輝在以外省人為中心的國民黨試圖進行民主化而成效不彰之際，彷彿突然得到一股助力似的，一九九〇年三月發生了台灣史上首見的大規模學生運動。來自全島的六千名大學生集結在台北中正紀念堂廣場前靜坐絕食，要求李登輝進行政治改革，台灣大學等校的老師們為了支持學生們也將課堂改到廣場前。那是北京學生運動遭人民解放軍鎮壓的天安門事件爆發的翌年。在台灣則是發生一場堪稱無血革命的變革，呼應了前一年席捲東歐推翻共產黨政權的民主化浪潮。學生們選擇台灣原生的野百合花作為他們的運動象徵。因此他們的運動除了是三月學運，也被稱為野百合學運。

從野百合到野草莓、太陽花

在台灣通常用「藍」色稱呼國民黨陣營、用「綠」色稱呼民進黨陣營。國民黨取用自中華民國國旗一部分的「青天白日」徽章乃是藍色的由來。民進黨的綠色原本是借用自德國綠黨以展現出社會民主主義的取向，但實際上的民進黨卻是擁有各種取向的人們的綜合體。

過去支持藍色國民黨的是外省人的統一中國派，支持綠色民進黨的則是本省人的台灣獨立派，彼此壁壘分明。然而進入二〇〇〇年代後，有些外省人第二代開始支持獨立，有些台灣本省人考慮到經濟的影響改為支持統一。

緊接而來的是二〇〇八年起的馬英九時代。相隔八年重新執政的國民黨要對經濟逐漸抬頭的中國示好，開始加速推動過去封鎖了長達六十年的三通（通郵、通商、通航）政策。結果來自中國的觀光客開始以爆發性的數量湧進台灣。不僅造成觀光地區一片混雜，高鐵和國內線班機一票難求，也出現企圖將資產移向海外的中國富豪紛紛搶購台北高級住宅的現象。這似乎也引發了台灣人民超越政治立場的反感。一位朋友感慨說：「看到作風蠻橫粗野的中國人，回想起從前的台灣，心裡感覺很不舒服。」

就在台灣遭到中國風暴猛烈襲擊的二〇〇八年十一月，中國高官來台與國民黨幹部會談，台灣政府以VIP待遇迎接。對於表達反對意見的公民，馬英九政權採取暴力排除手段，引發台北有數千人學生、大學講師等靜坐抗議，並陸續發展成台中、台南、高雄等地也響應的運動。

「在台灣叫做野草莓學運。那是仿效早先來自日本流行語『草莓世代（嬰兒潮二代）』的說法，有著我們外表看起來雖然柔弱但其實很堅強，所以不要小看我們的自我主張。和其中八〇年代以後出生的抗議學生交談，我發現不只是台灣本省人家庭出身的小孩，也有許多是外省人家庭的第三代。儘管父母支持國民黨，自己卻不以為然。他們都是在台灣出生長大的，希望能永遠生活在富足、民主、人心溫文的台灣。為什麼一定要統一中國呢？為什麼為了接待中國官員就得摒除台灣的公民呢？他們實在搞不懂。」

吳博士接著又說：

「傾聽他們說話時，我才驚覺：啊！他們每一個人說話的口音是一樣的，不管是外省人還是台灣本省人或是原住民族。民主制度促進社會的融合，所以成長於民主台灣的年輕人，大家都說著同樣的台灣語言。」

那些年輕人說的語言經常被稱為「台灣華語」。華語的意思是「住在中國以外之地的漢人＝華人說的語言」，原本指的是馬來西亞、新加坡等東南亞地區說的中文。在台灣說的中文，在二十世紀末之前被稱為「台灣國語」或「台北國語」，千禧年前夕才開始改為「台灣華語」並逐漸落實。

之後到了馬英九政權的第六年，二〇一四年發生了震驚全世界的太陽花學運。

「天然獨」的人生觀

「從野草莓到太陽花可以看出明確的連接軌跡。於野草莓有了經驗的學運人士之後又在市民運動和社會運動累積實力，進而支持太陽花的大學生們。所以才會演變成那麼大規模的運動。民主化經過四分之一個世紀以來，台灣已擁有成熟的公民社會。」

反對馬英九政權強行通過與中國簽訂有關服務業的貿易協議，大學生們於該年三月到四月占據立法院達二十四日，成千上萬聲援他們的民眾更是包圍立法院給予支持。占據立法院期間，數以百計的醫護人員和律師輪流提供照護和諮商，避免發生不幸的意外。最後學生們清掃完整個立法院才和平理性撤退，但失勢的馬英九政權無法力挽狂瀾，於隔年的選舉落馬下台。

「發起太陽花學運的他們是『天然獨』世代。是自然而然認為『台灣已經獨立』的戰後第三代。打從出生時起，台灣和中國就是分開不同的存在。自己是拿著印有中華民國（TAIWAN）的護照到海外旅行。既沒有一定要和中國統一的理由，實質上台灣也已經獨立一樣，所以也感受不到硬要獨立的必要性。上一輩是外省人或本省人根本無所謂。換言之，真正的世代交替終於出現了。」

說到這裡吳博士微微一笑。

之所以被稱為太陽花學運，是因某花店老闆從網路上看見立法院內有學生帶著向日葵，便主動捐贈超過一千朵向日葵到現場支持而來的。靠自己的力量贏得民主化的台灣人對於學生運動和社會運動絕不會抱持冷笑的態度。民主化不是只有選舉制度，而是涵蓋台灣整體的政治文化，才能形成不會只對上意唯唯諾諾的公民社會。

引發我個人感慨的是老友的小孩也參加了占領的行動。一九六〇年代出生的老友就讀研究所時便參與野百合學運，之後也一直在改革派的媒體裡工作。就是像那樣的父母教出來的小孩或是吳博士的學生們，才會在父母、老師、社會大眾的支持下在立法院內力爭到底。

關於太陽花學運，我從台灣人的著作中讀到這樣的說法：「二〇一四年乃是台灣的一九六八年。」歐美的學生運動如火如荼燃燒到極點的一九六八年，台灣仍處於戒嚴令下，人們害怕白色恐怖。經過將近半個世紀後，終於才敢發起對體制徹底說不的運動。而且不只由一個世代，而是由親子兩代共同參加。

之後的選舉，年輕人已受不了藍綠惡鬥，開始傾向投給過去幾乎不存在的無黨籍候選人。因為是穿白袍的醫生而祭出「白色力量」的台北市長柯文哲能有高支持率便是一例。

誠如吳博士所言，用藍與綠、外省人和本省人、統一派和獨立派等對立解讀台灣社會的時代已然結束。使其結束的是世代交替和同時發生的中國抬頭。對於追求台灣獨立的發言和行動，中國共產黨強烈反彈的力道更甚於國民黨。一旦和龐然大物的中國正面衝突，肯定也不會有什麼好下場。另一方面，持有「台灣早已獨立」的認知至少其他人也無法出手干涉。所以「天然獨」雖然有點「天」，卻也不失為戰略優秀的生存方式。

二〇一六年蔡英文當選總統開啟的第二次民進黨政權，外交上受到中國的強力打壓。和台灣有邦交的國家本來就很少，如今又一個接一個離去。同時中國還提供豐厚資金給統一派，並給予升學就業的機會拉攏年輕人的支持。國際情勢渾沌迷離中，利用網路打資訊戰的煙硝味也很濃厚。二〇一八年的地方公職人員選舉，中國不論從表面還是暗中支援國民黨的動作，顯然影響了選舉結果。台灣所處的客觀狀況實在無法樂觀視之。

儘管如此，台灣社會作為尊重自由、平等、民主、人權等普世價值的社會，每天總是讓人驚訝地正常運作中。那是因為說著同樣語言的人們都能明確地「想像」出一樣的共同體台灣。

離開之際，吳博士用他made in Taiwan的開朗表情在著書上寫下「天上大風」四個字給我。

「據說日本的良寬和尚看到小孩子因為風箏飛不起來而哭，就在上面寫了這四個字，只見風箏便乘著風遠遠飛上天空。」

第三封／

鬼與神明的物語

① —— 怪力亂神

廣辭苑上的「諭示」

那是一段奇妙的記憶。

應該是在一九九六年的二月。某日本出版社要發行台灣特集的雜誌書（Mook），我身為其中的一名寫手來到台北採訪。在當地和其他同事用餐時，其中一人提出邀約說：「接下來要去一個好玩的地方，要不要一起來？」於是便跟著一起前往位在台北市區內大樓裡的某宗教團體辦公室。裡面有一位中年師父。信眾大多是女性，列隊排在師父前面，全部約有十幾人。

師父前面放有一張類似會議室用的桌子，上面擺著筆、墨和顏料。信眾按順序前進，報上名字後，閉著眼睛的師父像是唱咒般開始念念有詞，逐漸進入恍惚狀態。然後在桌上的長條紙上畫下簡單的圖和字，接著女助手將師父口中說出來的語言寫在紙上。該語言並非人們聽得懂的現代中文或台語，據說是古代的語言。就像是中文的萬葉假名（譯者註：日本古代假借漢字的音或義作為日文發音的表記文字。）將「アイラ（a-i-ra）」的發音寫成「阿依拉」等漢字。儀式結束的信眾再帶著寫有謎語般文字的紙條前往隔壁房間。沒想到房間的會議桌上居然擺有好幾本的廣辭苑（譯者註：日本岩波書局出版的日語辭海。），另外還有幾位學過日文的女性，將紙條上的中文萬葉假名翻譯成日語後查閱廣辭苑上的解釋。例如「阿依拉」還原成「愛ら」，意味著「愛的複數」。看到我一臉的問號，對方說明：「因為日語保有許多中國古代的發音，所以我們利用廣辭苑將師父轉述的古代諭示翻譯成現代語。」

漢字的日語讀音確實保有中文的古代發音，但根據耳朵聽到的聲音查閱廣辭苑就會出現來自古代諭示的說法，我總覺得太過牽強。本來日語的漢字就有從音與從意而來的不同讀法，可是她們看起來似乎沒有分得那麼仔細。不過有信眾發現我是日本人便開口熱情邀約：「來嘛！一起查辭典。」

不僅如此，因為盛情難卻，我自己也讓師父算了一下。聽到我報上名字後，師父半閉的雙眼突然張開確認說「日本人嗎」，接著又大喝一聲「ha-mon」。我暗自驚呼那不是日語的「破門」（譯者註：開除）嗎？問題是我連自己是否已入門都不知道，有可能被開除嗎？接著師父用力閉上眼睛，就像前面一樣嘴裡開始念念有詞後，微微睜開眼睛，拿起筆飛快在長條紙上畫下結在樹上的柿子，旁邊還加上「三世佛門今日真」的漢字。雖然沒有人向我仔細解析其中意義，奇妙的是我感覺好像透露了某些真實，便小心翼翼地用報紙捲好包起來帶回去。

究竟是怎麼一回事？問了帶我去的人也不得其解。台灣這種莫名其妙的東西還不少。可是在台北某大樓的房間裡，以那種形式問卜，信眾們忙著翻閱廣辭苑的記憶仍鮮明留在我腦海裡。而那一天師父寫上我的名字，畫的柿子和「三世佛門今日真」的文字也怡然自在地保留在那方長紙條上。

「鬼」與「祖先」

暑假前往台灣時，下午時段會看見家家戶戶的外面擺有摺疊桌，上面準備了大量的食物說是要招待「看不見的客人」。馬路邊還放有裝了水的臉盆和毛巾讓遠道而來的客人們洗手。也有人在燒紙錢，相當於人世間給人禮金的意思。順帶一提的是燒掉的都是要送往陰間。

還記得到東海岸宜蘭縣的羅東旅遊時，因為看到某個店家門口擺放的供品十分豐盛，便問店家「這些究竟是要拜誰的呢」讓對方一臉困窘的經驗。因為總不能直接說拜的對象是「鬼」，又很難跟什麼都不知道的外國人說明清楚跟「好兄弟」的關係吧。

根據漢民族的傳統觀念，人死後從肉體脫離而出的靈魂會變成「鬼」。中文的「鬼」相當於日文的「幽靈」。然而「鬼」因有子孫的祭拜轉換成「祖先」的身分，有一天會輪迴轉世。其中混合了儒教的祖先崇拜和佛教、道教的思想。

成家前早夭沒有子孫的死者或是出門在外遭逢變故沒能舉行臨終儀式者，則會變成可怕的「孤魂野鬼」到處作祟。可是直接稱呼他們「孤魂野鬼」難免惹怒對方，因此台灣人習慣上刻意改用「好兄弟」一詞，例如將「夜晚的墓地上有靈魂跑出來」說成是「好兄弟們在夜總會開派對」。

農曆七月也被稱為「鬼月」，通往陰間的「鬼門關」會開，是各種亡靈回到陽世的季節。其中包含了祖先和鬼，都要停留一個月。七月十五日是佛教的盂蘭盆節，在台灣也要祭祖。當地信眾很多的道教則叫這一天為中元，不只是寺廟就連街上的商店、人家也都要作供養「好兄弟」的施餓鬼儀式，在台灣稱之為「中元普渡」。

供養「好兄弟」的祭品有豬肉塊、全雞、全魚、單數的糖果餅乾組合、四種水果、主

中元普渡的祭品

食、飲料、空心菜湯等詳細規定的固定品項。祭拜時間為下午兩點半以後，等到三炷長香都燒完了，最後將七杯酒和臉盆的水往外倒才算結束。

擔心沒有子孫祭拜的孤魂會找活人麻煩，台灣人在整個農曆七月中會避免做出結婚、搬家等重大舉動。甚至還有天黑之後曬洗的衣服不能留在外面得趁早收回，否則會變成「竹竿鬼」飛走等此一時期特別要留意的諸多事項。如果感覺家裡有「好兄弟」進來，可焚燒艾草驅除的作法則是我看電視節目介紹的。因為艾草的葉片有藥效和靈力，早春蟲多時節會做成草仔粿吃，病痛時可燒艾灸。燒艾煙薰房間也有驅邪的作用。

中元普渡廣告爭議事件

二〇一八年夏天，早在中元普渡的半個月前，台灣發生了一起爭議事件。史無前例的「好兄弟」出現在電視廣告中對活人娓娓道出心聲。

二〇〇〇年以前的中元普渡還能看到烈日下擺出大魚大肉盛大祭拜的場面，近年來因為有衛生、環保等考量，為取代生鮮食物改用零食點心、罐裝飲料等不易腐壞也不會造成浪費的飲食而到超市購買祭品的民眾變多了。超商方面大多也會準備讓民眾方便採購的祭品組合包，感覺就跟日本配合聖誕節慶推出的紙製長靴甜點禮盒一樣。

台灣全島超過九百家分店的最大連鎖超市全聯福利中心，原本在戒嚴時期是政府為援助「軍公教」人員配給米、鹽、食用油、燈油等生活物資的組織。據說早期分發的是美援物資，到了經濟起飛的一九九〇年代改成加給方式的金錢補貼。失去配給業務的組織民營化後改為超市直至今日。擁有如此背景的全聯從幾年前開始，每到中元普渡用品銷售期間便會搭配播放新拍攝的電視廣告。

最早的一支是因日本鬼片《七夜怪談》而家喻戶曉的「貞子」。

長髮遮面、身穿白衣的女鬼痛苦掙扎地從電視螢幕中爬出在團聚的一家人面前。廣告男主角（全聯先生）立刻送上裝滿水的臉盆。接著全家人對著洗完臉感覺清爽許多但仍長髮遮面的女鬼齊聲大喊：「歡迎！」一個接著一個送上罐裝或袋裝的食品。最後在一起上香的畫面中出現「中元節請用心款待好兄弟」的旁白。

這支廣告在台灣很有名，紅到只要說起「全聯貞子」每個人都會發出「哦～」的讚嘆聲。其實廣告中完全沒有提到「貞子」之名，但大家仍叫她「貞子」。於是為了順應這股熱潮，全聯隔年的中元節廣告又讓「貞子」上場了。同樣的場面設定，但這次的「貞子」腿很粗，而且最後還一邊看電視一邊做美容操。看來是吃太多大家送的祭品發福了。

全聯每年都會製作好幾支中元節廣告。「貞子篇」之外還有美國電影《十三號星期五》的「傑森篇」，同樣廣告分別拍攝「好兄弟」看得見篇和看不見篇兩種版本。也有電視版看不見「好兄弟」身影，全聯網站版則看得到，只要按下特定的電腦鍵，看不見的東西就能看得見。另外「貞子篇」也有分半正經嚴肅版和完全搞笑版，每年都能造成一定程度的話題。影片點閱總計超過四百萬次。但是到前一年為止始終堅持一個原則，那就是「好兄弟」不會開口說話。

然而這一年出現在電視畫面上的文青風男主角，居然有史以來第一次開口用自己的話發表「好兄弟」的心聲。淡淡鄉愁的氛圍中，搭配改編自德弗札克第九交響曲《新世界》

（From the New World）的〈念故鄉〉旋律。

「好兄弟」與白色恐怖

「一開始我還不太相信，覺得一定是有目的的，這些年來才發現人世間果真是有善良的人。全家人爸爸媽媽帶著小孩、阿嬤，不只準備一桌好菜而是一整排好幾桌，還有飲料又能續攤。能夠將不認識的人當成好兄弟，是很不簡單的事。我代表好兄弟和好姐妹跟你們說聲謝謝。謝謝你，讓好事發生。」

電視廣告中出現的三十來歲青年，身穿古早風格的白襯衫、抱著一隻黑貓，用台語說話。擺在房間角落的鏡子上寫著民國七十年（一九八一年）。

如同自己口中說的，他就是「好兄弟」，卻也不是沒人認識的「孤魂野鬼」，從生日到忌日，還有以前就讀的大學以及英文名稱都一清二楚。因為臉書上有跟廣告連結的個人帳號。

臉書帳號登錄的名字是Allen Chen，一九五〇年一月生，六八年到七二年就讀台灣大學。知道的人一眼就能看得出來，他是一九八一年七月三日死因成謎的白色恐怖受害者陳文成。

全聯廣告中讓人聯想是陳文成的青年

優秀的他從台灣大學數學系畢業前往美國密西根大學留學取得博士學位，並在卡內基・美隆大學擔任助教。當時他帶著妻子回國探親，卻因關心政治情勢捐款給民主化運動雜誌《美麗島》之由被帶到公安機關的警備總部，隔天被發現陳屍於台灣大學圖書館旁。享年三十一歲。當局宣布他是「畏罪自殺」，經過不止四分之一個世紀的現在依然真相未明。

過去好幾年來，總是以中元節廣告掀起話題的全聯從未讓「好兄弟」本人說過話，也沒有直接觸及政治問題。這究竟是全聯故意發出的訊息，還是廣告公司的創意暴走呢？當網路上剛要開始熱烈議論時，全聯發出了聲明。

「廣告和真實人士毫無關聯。但因造成社會大眾的反應，將全數停播今年的中元節廣告。」

從首映起還不到一天的時間，但翌日風波仍未停息，全聯再度發出聲明。

「三支拍攝完成的廣告限時三日於YouTube上公開。相信全部看完之後就能了解製作團隊的初衷本意。」

人們連忙點閱公開的影片，甚至當然也急著下載存檔。

從結論來說，因為另外兩支廣告的公開，事情才迅速恢復平靜。問題廣告其實暗喻陳文成幾乎已被確定的同時，三支影片放在一起觀看後，與其說是試圖重新炒熱政治事件的冷飯，更應該感受到透過回顧台灣現代史，強烈傳達出大家追悼死者的訊息。

開始說話的死者們

令人驚訝的是事後公開的第一段影片，畫面上出現身旁坐著身穿水手服、剪妹妹頭小學生的女子，用十分標準的日語開始說話。

「我抱著小孩，被後面的大人推出大門，就看到不只是食物，連洗臉盆、毛巾、牙刷、面膜都準備好了。為素昧平生的我們盡心款待，真是太貼心了，感動到很想哭。那是這一年裡最幸福的一件事了。」

因為日語說得太好了，看起來應該是找日本的女演員上陣，所以我一開始以為是當年留在台灣沒走的日籍「好姐妹」。不料看了SNS上的討論後才知她可能是日治時代生於台南，二十八歲那年成為國民黨白色恐怖受難者的丁窈窕。

丁窈窕於名門台南女中畢業後從事郵政相關工作。一九五六年在同一職場共有五十多人因匪諜嫌疑被逮捕的事件中，她是被判有罪的十四人之一。懷孕期間被捕，在離島的監獄中生產，最後被迫和哭喊的女兒分離接受槍決。

由於行刑前曾將裝有自己頭髮的煙盒交代友人埋在母校樹下，丁窈窕的事件才能從學妹們的口中流傳開來。一九七〇年代，蔣介石的銅像設在那棵樹的正前方，引發學生們的反彈。好不容易終於在二〇一七年移走，整件事也才剛被媒體報導沒多久。另外以白色恐怖為主題的電視劇《燦爛時光》（二〇一五年，公視），其中有以她為本的角色上場，台南的相關人士，尤其是像米果等台南女中的學妹們立刻就看出來了。

話又說回來，日治時代受教育的人會說日語理所當然，但經過大半世紀化為「好姐妹」出來依然說日語，我對台灣的廣告業者和觀眾們也習以為常的現象感到驚訝。

接著的第二段影片上場說話的是講話有湖北口音、氣質不錯的老先生。

「許多人在門口迎接我，桌上擺了有魚有肉有點心，有德國香腸和汽水，連美鈔都有呢。非常謝謝他們，可惜我沒辦法跟他們說聲謝謝。我以為這個世界把我忘記，後來我想還是有人記得我們，非常謝謝他們。」

有人指出他是因為自由主義思想被台灣大學解聘，一直受到公安警察監視的外省籍哲學家殷海光，負責管理故居紀念館的基金會趕緊發出聲明。

「廣告製作公司之前有跟我們商借故居進行拍攝，但因殷先生生前不近神佛，離中元普渡的概念比較遙遠而拒絕。但能經由這個機會讓先生再度成為社會整體的話題也樂見其成。」

此一爭議事件剛落幕後，我去了一趟台灣，看見廟裡、店家門口供奉了塑膠袋包裝的食品。儘管中元普渡的習俗依然持續，規模比起十年前已明顯縮小許多。

另一方面，關於到一九八〇年代為止的白色恐怖，其實並未完全獲得解決。裁決國家的犯罪遠比判處個人的犯罪要難吧，受難者家屬和相關人士的心靈依然在受傷淌血中。

三支前所未見的廣告影片可以說是利用中元普渡的機會，讓死者代替生者說出至今仍有所顧忌不敢暢談的過去。所幸三人能以安詳的神情表達感謝，但只要他們持續身為「好兄弟」「好姐妹」，就表示餘恨未消仍無法輪迴轉世。此一廣告爭議事件會發生在追打國民黨罪犯的民進黨政權下，恐怕並非偶然吧。

②——神明的物語

中元普渡的一天

台灣民眾拜的並非只有「鬼」。其實中元普渡那天從早上到下午，要正式祭拜四次才行。每次拜的對象、供品、適當的時間和儀式也都不同。

上午要拜掌管人間善惡的地官大帝。中元節原是上元、中元、下元中治理中元的地官大帝聖誕之日。為表祝賀，家家戶戶會將桌子擺在前院或中庭，準備木耳、紅棗、香菇等六種素菜食材、繫上紅線的麵條、鮮花、五種水果等供品。然後自我反省日常的行為舉止，祈求地官大帝的饒恕。

中午要供奉祖先們午餐。傳統上要在住家正廳（以日本來說就是設有佛龕的客廳）的神龕前設供桌，供奉肉、雞、魚、整鍋白飯、整鍋湯、滷肉、五種配菜、四種水果和米酒等，全家人燒香祭拜祖先牌位，表達對祖先的感謝之意。

接著要拜家的守護神地基公。放在廚房餐桌上的供品有三或五種水果、兩碗白飯、三道菜等。

以上都拜好了，終於最後輪到在大門口祭拜「好兄弟」們。印象裡之所以中元普渡＝供養「好兄弟」，是因為旅行者比較容易看到室外的儀式；而且以廟或自治會為單位進行祭拜時，張貼的告示也很醒目的關係吧。看見台灣友人放在SNS上面的照片，在家祭拜祖先時竟以「先母喜歡跟流行」為由，不用傳統的台灣料理，而是擺上了外送的披薩、肯德基炸雞。大概拜完之後也進了他們自己的五臟廟吧。其他朋友看到照片也留言說：「換個方式祭拜也不錯。可是盒蓋子沒打開恐怕不太方便享用吧。」

眾神明

台灣有很多的神明。因為沒有國定宗教，民眾各自擁護道教、佛教、天主教、新教等信仰。還有回教、來自日本的天理教，台灣原住民族也有傳統的信仰。只不過原住民族經過日本統治後，又被二次戰後的宣教士給吸收，幾乎都已改信基督教。

龍山寺

概括台灣的民間信仰，其實夾雜了道教、佛教、儒教和自然崇拜等渾然一體。且讓我們走訪一趟台北第一古剎，位在淡水河邊萬華老街的龍山寺。這裡一整年從早到晚都香煙繚繞，虔誠的信眾在電子樂聲伴奏下唱和佛經。本尊觀世音菩薩的兩側為普賢菩薩和文殊菩薩，全都塗上了金身。雖然比起日本要華麗許多，但還是熟悉常見的佛像造型。

然而繼續往大廟裡走進去，並列在後殿上的是色彩斑斕的眾神明像。有備受愛戴的海洋女神媽祖、掌管男女姻緣的月下老人、求子靈驗的註生娘娘、從三國志裡的關羽變成商業之神的關聖帝君、堪稱冥界警察署長的城隍爺，還有北斗七星化為神明的大魁星君、太陽星君、太陰星君、佩戴紅色馬鞍形體為馬的馬爺、紅黃背鰭豎立在

月下老人像（左上）、馬爺像（右上）、龍君像（下）
（圖片來源：龍山寺官網）

綠長脖上的龍君等，聚集了許多信眾前來頂禮膜拜。

日本神社祭祀的八百萬神明，通常只有名字不具形體。然而台灣的寺廟裡幾乎所有的神明就像日本的七福神一樣各具立體的個性，而且極高比率被塗上紅、綠、粉紅等五顏六色。

甚至每個神明的負責業務也都做了詳細分工。例如龍山寺後殿右端祭祀的是掌管學業的文昌帝君，神像前設有信箱，上面寫有指示，前來參拜的人可在即將應考的准考證影本上註明地址、姓名和出生年月日後投遞進去。祈求金榜題名的供品一定要用蔥，因為「蔥」的發音和聰明的「聰」一樣。

因為神明負責的業務已詳細劃分，所以人們可依祈願的種類求助不同的神明。例如，聽說台

台南孔廟

南有小孩到了十六歲得在農曆七夕慶祝的習慣。到時要去向守護小孩成長的女神「七娘媽」參拜致謝。因為從小給「七娘媽」當義子義女，之後一有問題便祈求女神幫忙消災解厄，到了最後的十六歲那年農曆七夕，剛好也可祝賀女神的生日，得供奉肉、雞、魚、麵線、粽子、四種水果、各種化妝品和裁縫用具，並解下作為義子義女標示、長年掛在脖子上用紅線綁的古錢或銀鎖項鍊。

在台灣，台北、台南等各地也都有孔廟，專門祭祀孔子。大多數的孔廟原本半是教育設施，半是宗教設施。就跟江戶時代的湯島聖堂既是祭祀孔子的聖堂，也兼作為昌平坂學問所（幕府的最高學術機構）一樣。

孔子是儒教的創始者，集孔子說過的話於一

書的《論語》中有一句：「不語怪力亂神。」不要接觸看不見的東西、不可思議的事情，《論語》儼然是用明確言語規勸真實世界的行動指南。不談宇宙誕生的神祕和死後世界的儒教，不屬於一般定義的宗教，統計上也常不被列入。可是，看見充斥在孔廟各個角落的文字、文字和文字，不難看出對於文字的深厚信仰。包括台灣在內的華人文化圈，最根深柢固的祖先崇拜信仰觀念就源自於儒教。

海洋女神媽祖

接下來要介紹台灣擁有壓倒性信眾的道教系神明，媽祖和王爺。

媽祖是公元十世紀確實存在於中國福建省的一名法力高超少女。據說出身漁家的林默娘運用法力，不僅解救差點遇難的哥哥，還避免多起海上船難的發生。因此渡過波濤洶湧的「黑水溝」海峽來到台灣的移民們為了祈求航海平安，特意帶來了故鄉福建省媽祖廟的香灰等信物。

台灣全島合計約有九百間的媽祖廟。蓋在山上可俯瞰東海岸宜蘭南方澳漁港的南天宮媽祖廟，供奉許多純金和翡翠等打造、金碧輝煌的神像，上面還掛有前總統李登輝親筆

媽祖像（圖片來源：龍山寺官網）

寫的「島國慈航」匾額。不同於前總統高大魁梧的形像，以女性纖柔的筆跡將台灣島比擬成一艘船，寫出了「祈求海上安全」的心願，肯定在移民子孫的台灣民眾心裡產生了極大的迴響吧。媽祖在華南各地受到信仰，香港則稱之為天后，也成了廟宇所在的地鐵站名。至於澳門，其歐文地名Macau就取自「媽閣」一詞，原意本是奉祀媽祖的廟宇。

每年春天媽祖誕辰農曆三月二十三日的前後，台灣西海岸大甲、白沙屯、北港三地舉辦的「媽祖遶境」是乘坐神轎的媽祖巡視管轄區域、保佑民眾生活平安的年度盛事。雖然神轎是由轎夫扛著行走，但據說詳細的行進方向卻是媽祖自行決定的。例如曾經危害一般民眾的公司幹部就算跪在地上迎接，也等不到媽祖靠近的。

載有水兵木偶的王爺船（高雄・旗津）

「媽祖遶境」的活動在都市化急速發展的台灣社會非但沒有逐漸衰退，反而很受到年輕族群的歡迎。每年有超過一百萬人次踴躍參加全程九天八夜，有時還得露宿街頭和辛苦徒步的出巡活動，看來似乎已成為台灣人的某種認證。

飄洋過海的神王爺

如果說媽祖信仰的中心是台灣西海岸的中部，南部則是以王爺的存在感較大。根據統計，王爺廟的數量全島合計超過一千六百間。

西南部的東港每三年舉行一次的活動是在長達一個禮拜的宗教儀式後，於數萬信眾眾目睽睽下放火燒掉大型木製做功精巧的王爺船。據說，意在請求飄洋過海來的王爺回去時順便帶走曾是死病的瘧疾等瘟疫。因此王爺也被稱為瘟神，但究竟是瘟疫本身還是除去瘟疫的存在就沒有一定說法了，詢問宗教學者只能得到「畢竟是民間信仰嘛」的答案。有的習俗是載著王爺像的船漂流上岸，就在那裡蓋廟；也有習俗是將王爺像和糧食放進船隻送出海上。

不可思議的是不同於特定人物成為神明的媽祖，王爺有很多不同的外形和名字。其中有鄭成功，也有林、陳、李等姓氏的王爺，甚至有連石頭和狗也成為神明受到民眾祭拜的例子。

總之是人們將帶來災厄的恐怖存在當神明祭祀，卻又用船將其送往遠方的，因此有研究學者認為跟日本的御靈信仰（譯者註：當發生天災或瘟疫時，認為是死於非命的「怨靈」作祟，必須將「怨靈」當成「御靈」祭祀才能消災解厄。）有共通之處。日本平安時代，被流放到大宰府的菅原道真死後成為學問之神，至今仍受到考生虔誠信仰；其實一開始是因為道真被左遷後，京都陸續發生多起不祥事件，為了安撫怨靈才開始祭祀他的。看來跟王爺信仰的兩面性頗有相通之處。

③——

日新月異的宗教儀式

乩童

台灣道教系民間信仰的習俗中，有被神明附身後傷害自己身體造成血跡斑斑再傳達神諭的乩童存在。以巫術為例，雖然日本也有恐山的イタコ（itako）巫女，但台灣乩童卻是採取拿自己的頭抵在菜刀口、用銅針穿過兩頰等激烈的行動。雖然廟會的時候動作粗暴，但平常則是以低廉收費傾聽信徒煩惱並給予建議的存在，受到庶民階級廣為愛戴。例如小說家吳明益的母親遇事需要下重大判斷時，習慣找乩童商量。通常乩童以男性為主。陷入恍神狀態持筆在盤中白沙寫下神諭的扶鸞則多半是女性。跟日本的狐狗狸仙（譯者註：日本的狐仙占卜，坐在桌前的人會自動寫出神諭。）很像，筆者從前見到在紙上畫出神諭的文字或圖案的師父也屬於同一系統吧。

舉行婚喪喜慶或宗教儀式時，大量點燃帶來噪音和煙霧的爆竹也和貼在各處寫有文字的紅紙一樣具有驅邪作用。嗩吶尖聲大作的宗教音樂以及其現代版鼓笛樂隊也一樣。在漢民族文化中，驅邪和祈福往往是配對出現的，一如日本在二月立春前夕撒豆儀式時大喊「福氣往內、惡鬼往外」就是驅邪與祈福同步進行。

葬禮時有找來歌仔戲團或布袋戲團演出，聚集附近鄰居在熱鬧中為往生者送行的傳統習俗。尤其是年過古稀逝世者被稱為「白喜事」，有了曾孫的「四代同堂」更是喜壽，小孩子得在頭上綁祝賀用的紅色頭巾。

到了一九八〇年代起，台灣鄉下的葬禮餘興流行找來電子花車的脫衣舞表演，還跨海延伸到新加坡、中國等地，引起歐美媒體以「世界奇風異俗」為題報導台灣葬禮。因為受到指責背後有黑道操作，近年來已式微許多。

「神豬」的變遷

台灣宗教儀式走向浮誇的趨勢並非僅限於葬禮。農曆七月的中元普渡，以客家人來說，傳統上各地廟宇多半於七月二十日舉行「義民祭」。清朝統治時期漢人居民叛亂，雖屬漢人移民卻是少數派的客家人大多應政府之求加入鎮壓行動。當時犧牲掉生命的人們被

裝飾豪華的「神豬」(照片來源：mnb)

稱為「義民」，「義民祭」的旨趣在於安撫這些沒有子孫的亡魂。

「義民祭」的供品得準備整頭的羊和豬，逐漸演變成羊角長度和豬隻體重的競賽。結果原本是供品的「豬公」不知從何時起被稱為「神豬」，身分也變成了神明。稱為「賽神豬」的豬隻體重競賽逐漸白熱化，活動最受到關注時期，通常約一百公斤的豬可養到超過五百公斤，有時還會重達一公噸成為巨大神豬。

長得太大根本無法自行走路，乍看之下根本分不清頭尾的巨豬被送去屠宰、刮毛、去骨、塗上摻有大蒜等藥材的防腐酒。在夜空背景中，一整排華燈妝點的「神豬」並列，拿到冠軍「神豬」則被掛上純金打造的金牌。當然最後也都當成祭品奉獻給「義民」做成菜吃。基於愛護動物的觀點，認為對豬未免太過殘忍的批判要到二十世紀末期才開始出現。

過去每年巨大「神豬」都會上新聞的桃園市，之後基於平衡傳統和環保的觀點，將「賽神豬」改為「創意神豬藝術」競賽，條件是運用回收的空瓶罐發揮創意。以學校為單位製作的入圍作品二十件會先放在小卡車上巡迴市內，然後在晚上的頒獎典禮上發表得獎作品。和幾年前奇形怪狀的巨大「神豬」相比，簡直就像玩具般有趣可愛。

同一年的中元節，東海岸的台東縣池上則依然舉辦傳統的「賽神豬」。每年由三間廟依序輪流主辦，共有六頭花了三年養大超過五百公斤的豬參賽。黃昏時刻，人們敲鑼放鞭炮跟著「神豬」巡迴各村遊行，抵達主會場的廟宇便開始進行最後的裝扮。評分標準除了體重外，還要看裝飾的豪華度與美觀度。話又說回來，不僅參賽的數量比以前少了很多，接受媒體採訪時為了不留殘忍印象，還得小心翼翼回答「我們都有用心在養」——不知「賽神豬」的活動還能再辦幾年呢？

葬禮的急遽變化

傳統的台灣葬禮十分複雜。首先斷氣的地方必須在自己家裡才行。如果是在醫院陷入病危，就算裝上人工呼吸器也得把病人帶回家裡。至於臨終之際沒能趕上的子孫，到家時還得跪著爬進屋裡。

台南散文作家米果在書中提到：還是國中生的一九七〇年代，在學校接到祖父猝逝的噩耗，立刻趕到位在農村的祖父家時被交代要「從大門一路跪著爬進去」，儘管穿著長褲，膝蓋還是磨破流血。還有死者的兒媳婦在葬禮時哭聲太小，被附近的三姑六婆批評是「冷血無情的兒媳婦」，所以哭聲要讓左鄰右舍聽見也是一門功夫。指導家屬怎麼哭、懂得在正確時機放聲大哭的「哭喪女」，以電視節目出場人物「孝女白琴」之名營業，月收高達三十萬的新聞也曾出現在英國ＢＢＣ的頻道上。

從頭七到第四十九日為止，得每隔七天舉行一次法事。一旦土葬經過六年後，還得重新挖出屍體，撿骨裝甕埋進墳墓裡。傳統的喪葬程序就是如此繁瑣。以前到台灣旅行時總是會看見路邊為作法事而搭的帳篷，裡面坐著無所事事等著時間過去的家屬身影。

然而進入二十一世紀後，情況有了急遽的轉變。不僅火葬占了九成以上，都市地區直接從醫院送去殯儀館舉行儀式也已十分普遍。在家臨終反而較少，也不再要求跪著爬行和嚎啕大哭。背景有政府的勸導和社會觀念的改變。火葬後的遺骨，目前大都送往收納櫃式的靈骨塔，所以往日每到四月清明節造訪郊外龜甲墓，全家總動員先除草再上香祭拜，然後吃便當的情景已不復多見。就跟日本一樣，隨著少子高齡化和環境問題的日益嚴重，也開始流行樹葬和將骨灰撒向大海。

兩具遺體

在台灣日新月異轉變的過程中，有兩具被時代遺忘的遺體。分別是一九七五年和八八年過世的蔣介石、蔣經國父子的遺體被放進黑色花崗岩棺材裡，等待著埋葬時日的到來。蔣介石於二次大戰剛結束的一九四六年，在南京中山陵孫文的墳墓旁已安排好自己的墓地。不料因為戰況惡化，四九年被迫撤退來台，始終沒能實現「反攻大陸」的心願而去世。他的兒子蔣經國也是在說完死後希望埋在母親於中國浙江省的墳墓附近才瞑目。兩人的遺願都沒能達成，遺體至今仍安置在桃園市大溪鎮的水壩湖畔別墅裡。

好幾次一部分的蔣家親屬要求直接埋葬在台灣，並也已經開始動工。但每次開口說話的人又都先去世，結果父子兩代的前總統還是被收放在棺槨中等待處理。因為古代中國有對於政爭等失敗者的遺體，以「等待送回故鄉之日」為由靜置數年的習慣叫做「停柩」，才會造成三、四十年沒有處理兩具遺體的狀況吧。

問題是保管遺體不僅要花鉅額的管理費用，兩蔣父子身為「獨裁者和白色恐怖責任者」的歷史定位也逐漸明確，使得因為反感而對靈柩潑灑紅漆的事件時有所聞。

二〇一六年重新執政的民進黨蔡英文政權，一如總統府地板上所寫的「POWER TO THE PEOPLE」，揭櫫自身定位是革命政權。要對二二八事件和白色恐怖受害者及其家屬實踐正義（台灣稱之為「轉型正義」），於是開始了將台灣各地的蔣介石銅像移除的「去蔣化」措施。移除的銅像大多送往停柩場所附近的雕刻公園，收集了兩百座以上或站或坐或騎馬的蔣介石像，形成特殊景觀。

蔡政權真正的目標應該是坐落在台北市正中央、用來彰顯蔣介石的中正紀念堂吧？以道教來看等於是間廟，是台灣全體為了悼念已故總統而建設的。陳水扁總統時代曾經一度換上「台灣民主紀念館」的招牌，國民黨重新執政後又給換了回來。

光靠陳政權的「正名」也無法完全實踐的民主化，蔡政權企圖用真槍實彈的「轉型正義」達陣。一旦設置在紀念館中心高達六公尺三十公分的巨大銅像被撤除時，台灣的某個時代才能說是真正結束吧。

第四封／紅磚與廢墟的物語

①——存留在台灣的日本建築

近代化的遺產

台灣有許多可追溯至日治時代的建築物存在。

以台北為例，相當於美國白宮的總統府、就在附近公園裡的國立台灣博物館、台灣大學醫學院附屬醫院等都是日治時代的一九一五年到一九二〇年所建設，一百年後的今天也和當初一樣的目的被使用著。其他還有前台北帝國大學（今台灣大學）、高等商業學校（今台灣大學法學院）、台北公會堂（今中山堂）等許多歷史建築物擁有可溯及日本近代化初期的歷史。

這些在日本可聯想到東京車站的紅磚、石砌和鋼筋水泥等造型莊嚴的歐州式建築，實際上正是出自東京車站設計者辰野金吾的弟子們之手。每一個都被台北市政府、中央政

總統府

府指定為古蹟、文化物，進行維護修復與對外開放，因此到台灣來光是走訪老建築也是很棒的旅行。

環繞全島的鐵路車站也是各具特色，有像台南仍繼續使用宛如舊上野車站的小巧古老站體；也有像台中、高雄那樣，蓋了新站後將舊站移到旁邊加以保存。繞一圈台灣各地，就能知道日治時代的市政廳在台中變成咖啡廳、在高雄變成歷史博物館、在台南前州廳變成文學館等，至今仍受到市民的喜愛與充分運用。

然而，事實上這些建築物在日本戰敗被中華民國政府接收之後，並非一直以來都受到善待。

身為盟軍之一成為第二次世界大戰勝者的中華民國，由於國內與中共的內戰方興未艾，政局仍處於混亂中。反觀過去在日本統治下的台灣，

國立台灣博物館

基礎建設比中國國內健全許多，因此負責接收的台灣省行政長官公署也就「換湯不換藥」地直接沿用日本時代的設施。

例如神社、日本人銅像等會讓人直接想到日治時代的東西，在政府一聲令下遭到破壞。各地方神社的鳥居被部分削除修改成中國式牌坊，成為祭祀中華民國戰歿者的忠烈祠。日本時代的總督銅像則改換成孫文或蔣介石像，不過大多數的建築物、設施仍繼續使用。

內戰於一九四九年共產黨獲勝成立中華人民共和國後結束。蔣介石率領的中華民國和國民黨政權渡過寬約兩百公里的海峽，被迫來到台灣避難。當初以「反攻大陸」為首要政治目標，隨著一九五〇年韓戰爆發後國際情勢和美國方針的轉變，實現日益困難。儘管如此，國民黨政府對於

老舊腐朽的日式房屋（台北市新生南路）

口頭上只被當成暫留之地的台灣，反正有日治時代留下來的基礎建設可用，便不願意花費功夫和資金進行整建與維修。

到了一九七〇年代，中華民國的聯合國代表權被共產黨的中華人民共和國給奪走，同日本和美國的外交關係也被斷絕。當時已繼承父業的蔣經國為了提升經濟力、工業力以安定動搖的民心，開始推動名為十大建設的大型公共事業。包含中正（今桃園）機場、台灣鐵路的北迴線（宜蘭縣蘇澳新站到花蓮站）等建設。

當時離二戰已經過三十多年，日治時代的建設相繼老朽不堪使用。建設風潮中許多房屋被拆除改建，或是被當成空屋廢棄也不稀奇。那些空屋、空大樓大部分都是被接收的日本政府和個人資產，以國有財產之名實際上被國民黨相關人士給隨意霸占。大多數因為所有權不明，長期被棄置後變成廢墟和鬼屋的情形也並不少見。

民主化與文物保存

台灣當局將日治時代建築物指定為古蹟是從一九九〇年代開始。此一時期民主化正慢慢發展中，總統是國民黨籍台灣本省人的李登輝，台北市長是接下來將當選總統的民進黨籍陳水扁。台南是過去在美國推動台獨運動的人當選市長，高雄也由負責為「美麗島事件」辯護的民進黨籍律師擔任市長。

在中國經過八年「抗日戰爭」，對日本抱有敵愾心的外省人們，儘管用著日本人留在台灣的基礎建設，卻還是對日本的東西很反感。關於此一心情可從被譽為台灣電影史上最佳傑作、楊德昌執導作品《牯嶺街少年殺人事件》中男主角母親說的一段話窺見一斑。

「和日本人打了八年仗，為什麼還得住在日本人蓋的房子、聽日本歌不行呢！」（背景是附近的台灣人家放大音量聽著橋幸夫唱的〈潮來笠〉。）

如果放任交由那些外省人，日本時代的建築物恐怕早晚都被破壞殆盡了吧。趁著還來得及，急忙想伸出援手是愛台灣的本省人共有的心願。

展示中的日本警察人偶

對台灣本省人而言，日治時代也是台灣史的一部分，那些建築物是近代化的遺產。

殖民地時代的不公平入學考試制度、日本人有外地勤務加給使得台灣人薪資只達日本人六成的差別待遇、受到警察「大人」動不動就暴力相待等，教台灣人受了很多苦。台南的台灣歷史博物館展示實物大的人偶以重現那些可怕的日本警察模樣。然而戰後經過五十年了，當那些都已成為回不去的過去時，相較於記憶猶新之國民黨政權下的白色恐怖，反而產生了積極被認定是鄉土歷史的新機運。就算離父母、祖父母生活過的時代相隔遙遠，至少還能守護住優秀的建築物。此一動向隨著民主化在台灣各地生成，經由台灣本省人政治家之手打出了保護手段。

一九九〇年代以後，當地出身之民進黨籍市

長當選地區的環境和景觀有了明顯的改善。高雄一度因為汙染而嚴重淤塞的愛河，轉變成兩岸文化設施林立的休閒場所就是一例。

林百貨——從廢墟變成地標

上次造訪時完全是廢墟的大樓，再度以百貨公司重新開張，擠滿了前來購物的客人。在幾年不見的台南、驚為天人地看到林百貨的轉變。

林百貨是日本統治的一九三二年，於當時號稱台南銀座的末廣町，由山口縣出身的林方一開設的百貨店，和台北的菊元百貨並列為台灣兩大百貨公司。就像銀座三越和新宿伊勢丹一樣，都是大門正面對著十字路口的「街角建築」。當時人們暱稱這幢台南最早設置電梯的五層樓近代化百貨公司為「五層樓仔」。聽說大家假日除了來買東西外，也要來搭搭電梯，到頂樓餐廳吃個布丁才走。對台南民眾而言，林百貨是時髦與富足生活的象徵。

然而到了太平洋戰爭末期的一九四五年三月一日，台南遭到美國空襲，造成四百零五人死亡、五百多人輕重傷、房屋一千七百三十棟全毀、四百三十五棟半毀的慘劇，林百貨的屋頂也被槍擊留下千瘡百孔。

重新開張營業的林百貨(2018年)

八月十五日戰敗後，日本人被迫撤離，林百貨大樓和其他大型商業設施一樣成為強制接收的對象。國民黨軍隊一登陸後，「五層樓仔」陸續有政府的鹽務管理局、鹽務警察、糧食局、銀行、空軍廣播電台等來自中國大陸的組織隨意進駐各個樓層。

戰後日本政府和個人資產被稱為「日產」，照理說應被接收為中華民國的國有財產或市有資產，實際上卻被國民黨相關人士任意使用，林百貨大樓也隨著歲月流逝而受損。後來住進了六戶無家可歸的榮民家庭，最後兩戶搬走是在二〇〇五年，距離戰後已過了六十年。其間於一九九八年被台南市指定為古蹟，土地和建築物所有權也從國有財產局轉移給台南市。

我上次造訪是二〇〇九年底，由於風雨從殘

破的玻璃窗吹進室內，為避免閒人進入發生危險，所以一樓部分圍上了木板柵欄。一九九九年的九二一大地震似乎也造成相當大的損害，甚至可說是已變成連走進去都需要勇氣的鬼屋。倒是騎樓下還有擦鞋老人默默等待客人上門。

聽人說隔年二〇一〇年一月整建工程開始進行，花了三年總算恢復昔日英姿。台南市政府決定將修復後的林百貨當作商業設施出租，最後委交當地百貨業者經營。二〇一三年十二月傳說中的林百貨相隔六十多年後重新開張，開幕期間還從日本邀來創業者林方一的子孫前來見證。

今天除了印有林字圓形商標的T恤和布包外，還陳列各種「MIT」（made in Taiwan）的名產、雜貨，吸引許多觀光客前來。而且基於保護古蹟的觀點，隨時掌控進場人數，避免過度擁擠，過去可搭十二人的電梯如今改成限為六人。

美好戰前十三年間的榮華歲月，之後長達六十年的沒落時期，所有台南人從祖父母、父母口中都聽說過林百貨的故事；而且總是抱著惴慄不安的心情走過淪落為鬼屋的昔日名門百貨門前，相信他們對林百貨重生的感想絕非三言兩語可道盡吧。

慰安婦雕像的設置

台南林百貨入口對面，二〇一八年夏天設置了台灣第一座的慰安婦像。雖然位於國民黨台南市黨部的土地內，但因面對馬路，就是前往林百貨的當地居民和觀光客等待綠燈的場所。揭幕儀式時，就連馬英九前總統也冒著大熱天、穿著禮服繫黑領帶戴上墨鏡前來參加，並在致詞中批判民進黨政府從不關心慰安婦問題。

有台灣出身的女性被迫成為慰安婦乃不爭的史實，據說人數超過一千兩百人。當今民主化已臻成熟的台灣社會很重視各種不同意見發聲的自由，台北熱鬧的批發中心迪化街上也有名為「阿嬤家」的慰安婦紀念館。因此對於慰安婦像設置本身，沒有出現反對的聲音。

可是為什麼台灣首座慰安婦像要設置在台南林百貨對面呢？從馬英九前總統的致詞中不難聽出那是國民黨對民進黨的政爭和意識型態對立的一環。用公費復原日治時代商業設施的行動，贏得了當地民進黨支持者的歡心，相反地卻讓一向抱持「抗日史觀」的外省人們難以認同吧。慰安婦像正是那種心情根源的表象。

台灣的ＳＮＳ上出現許多「國民黨市黨部憑什麼擁有台南的黃金地段呢」「該不會是不當黨產吧」等質疑聲浪。實際上關於這塊土地，已有不服氣的市民告上法院追究其所有權歸屬。

台南市自從一九九〇年代末有當地出身屬於民進黨的市長當選以後，在保護、修復、

新設置的慰安婦雕像

再利用古蹟方面就當上先驅者。日治時代建設為台南州廳舍，戰後成為市政廳的建築物，早在二〇〇三年就再生為國立台灣文學館了。位於正對面的圓環在一九四七年的二二八事件中，乃台日混血的當地菁英湯德章律師，被國民黨軍慘殺後，遺體被棄置示眾的地方。在蔡英文政權下，當上行政院長的賴清德，還在台南任市長的時候，把殘殺事件發生的三月十三日定為「正義與勇氣紀念日」。同時，追溯到日治時代，並經歷了國民黨獨裁時代的的圓環也進行了又一次的改名和裝修。

台灣歷史的重新定位至今仍天天在進行中。古老建築物的保護與重生，絕不是用懷舊思鄉一詞可以帶過，意義也不只是整修之後的再利用而已。

②——

遊走台北昭和町

台北昭和町

即便是鋼筋水泥蓋的大樓，棄置六十年也會陷入危險狀態。更別說是日式的木造房屋，尤其是在高溫潮濕的台灣。

戰後經過七十年，台北市南區和平東路一帶有好幾棟古老木造平房隱藏在水泥圍牆後和庭園中椰子樹、麵包樹等亞熱帶喬木的樹蔭下，眼看著即將腐朽回歸大自然。

另一方面，附近也有一些牆壁乾淨、屋頂新鋪黑色瓦片、屋內傳出人聲笑語的木造房屋。根據導覽看板介紹，原來是營業中的茶藝館、咖啡廳、餐廳和藝廊。

周遭一帶在昭和初年是台北帝國大學、高等商業學校、台北高校等從日本延聘過來的教員們為興建私宅組成合作社建設而成的住宅區，當時被稱為昭和町。平均每一戶的面積約一百坪到兩百坪，庭院種植亞熱帶喬木。為了使通風良好，地板和天花板都做得比日本的高，採用開闊感十足的和洋合併設計，大量使用不容易腐朽的檜木，全部蓋了約一百戶的住家。由於住戶以知識階級為主，相當重視隱私權，因此彼此有紳士協定家家戶戶都蓋成平房。

日治時代的台灣總督府對於高級官員和中級以下官員的公家宿舍各自訂有完備的設計基準，以致台灣各地就像同一個模子刻出來似的，到處可見同樣形狀的長條屋公家宿舍。位於台灣北部淡水的警官宿舍就是一例。日本戰敗後，中華民國的警察和眷屬繼續住在裡面。進入二十一世紀，最後住戶的警察一家搬走後，曾暫時開放作為藝術家的工作室，終於還是難逃被拆除的命運，成為改建的對象。

關於這一點，台北昭和町的大學住宅每一棟都是根據業主的想法和希望而施工的，算是例外的存在。他們是台北帝國大學的教員，從日本帝大異動過來的。有的事前被允許到歐美留學等優異條件，也因為工作需求得長期留在台灣，甚至已做好埋骨異鄉的打算。這個地區之所以後來有許多房屋被指定為古蹟，主要原因是當初的設計水準高、充滿個性，被判定具有保存價值。

另外還有一項重要因素。戰後這裡的木造平房照例也被國民黨接收，讓延聘自中國大陸的研究者、學者們入住。當初他們以為能自由進出台灣與中國大陸之間，但一九五〇年韓戰爆發，美國第七艦隊封鎖台灣海峽後，和其他好幾十萬家庭一樣被迫與親人分開長達將近四十年。這之間發生的許多悲喜劇故事，經由住在大學住宅的本人或子女寫成書留存在台灣社會，成為那些住宅的重要紀錄。

戰後接受國民黨教育的台灣人看不懂日文，然而歷史的定義乃是研究文字寫下的紀錄。因為有了中文寫下的紀錄，才可能讓昭和町包含日治時代的歷史為台灣人民共有與口耳相傳，結果也讓歷史舞台的古老木造平房獲得保護、修復的機會。

民主化運動的聖地——紫藤廬

流傳於台灣人們口中的建築故事中，最廣為人知的應是將日式房屋改為茶藝館的紫藤廬（台北市新生南路）吧。

這棟戰前日本人蓋的木造房屋，一九五〇年起開始由中國經濟學者周德偉一家七口入住。由於當時周教授也是關務署署長，所以才能租借該宿舍。他是留學英德的自由主義者，除了同一專業的學者，也常常邀約年輕世代的畫家和作家們聚會討論。擔任過北大校

紫藤廬內部

長和駐美大使的胡適、日後成為知名作家的李敖等各具特色、獨領風騷的人物，都曾是周教授沙龍的座上賓。源自歐美的自由主義思想由此向台灣各地散播開來。

尤其是民主化黎明期禁止在野結黨的風聲鶴唳中，對於隸屬人稱「黨外」民主化團體的活動家和無名藝術家而言，那裡是他們口中終身難忘、彌足珍貴的庇護堡壘。聽說也因此常有特務警察的吉普車停在巷子裡。七〇年代得罪國民黨高層的周教授離職赴美後，曾當過記者的兒子周渝以此為據點開始小劇場運動。在集會結社自由不被允許的戒嚴時代，這裡有過俄國電影的放映、前衛舞蹈的彩排、遭國民黨政府鎖定的民主活動家們的聚會等。周渝一九八一年在此開設茶藝館，因庭院裡的三棵紫藤而命名為「紫藤廬」。

之後也提供作為藝術作品的展場、音樂會、反戰運動、國際交流等各式各樣活動的場地。一九九四年李安執導作品《飲食男女》也曾在此拍攝。電影主要舞台的昭和木造洋房就在附近，可惜已經拆除。一九九七年紫藤廬被選為台灣首座市定古蹟，卻又在同一天因不法占用國家財產遭到封鎖，理由是原為租借給關務署署長的公家宿舍卻被其兒子違法長期用於商業活動。

民主化聖地遭逢危機，文化界也出面聲援。一九九九年台北市文化局取得所有權，由文化協會繼續經營茶藝館直至今天。這段期間內，曾擔任台北市文化局長、台灣政府文化部長（相當於日本文化廳長官）的暢銷作家龍應台於二〇〇四年發表〈在紫藤廬和Starbucks之間〉的評論中，將其列為全球化時代台灣文化的象徵，不只是台灣，也是廣為中國、香港、新加坡、馬來西亞等地華人知道的存在。

紫藤廬內部以鋪有榻榻米的和室為主，整體建築因為屢遭颱風和火災破壞，歷經多次的改建與增建，如今已很難看出昭和町時代木造平房的原貌。而且關於建築物原本的日本籍所有人、住戶也幾乎不被提及，那是到一九九〇年代為止國民黨系外省人的一貫作風（近年來才開始流傳說是任職台灣總督府土木局等單位的技師淺香貞次郎的住家）。外省人作家龍應台之所以賦予紫藤廬高評價，想來也因為那裡曾是外省人第二代心目中的民主化運動聖地。換句話說，「戰後台灣物語」的因素很大。

青田七六的故事

另一方面，二〇一〇年代以後，被指定為古蹟而進行補修、復原的建築物，包含台南林百貨在內，大多都提及日本時代的所有人。主要理由是時代久遠，當事人也已是第三代，會出現土地、建築物所有權紛爭的可能性相對減少的關係吧。

依據地址被稱為青田七六（青田街七巷六號）的木造房屋，原是任職台北帝大教授的農業學者足立仁於一九三二年親自設計建造的私人住宅。足立教授是北海道人，妻子是一路從侍從武官長當上終戰時首相的鈴木貫太郎次女。親姐姐當了十年昭和天皇年幼時期的保母，之後嫁給鈴木貫太郎為繼室。足立教授留學德英美三國後，一九二八年任教於台北帝大，終戰前都在理農學院農藝化學科講授應用菌學，但一九四四年出差回日本後就沒回來，直到戰爭結束。

終戰那年年底來自中國的地質學者馬廷英教授入住。馬教授一八九九年生於大連，

現為餐廳的青田七六

十幾歲時赴日就讀東京高等師範學校、東北帝國大學，三十五歲那年獲得德國柏林大學和東北帝大的雙博士資格。回到中國後，進入最高學術機構中央研究院等單位從事研究與教育的工作。一九四五年日本戰敗決定放棄台灣時，在中華民國政府邀請下，和其他同樣有留學東北帝大、北海道帝大經驗的六名學者來台，連同任教台北帝大的台灣人教授兩名，從日方當局手中接收台北帝大，重新改名為國立台灣大學。

由於戰爭剛結束時的台灣治安遠比滿洲等地要好，前台北帝大的大多教授留在台灣大學教書，直到一九四七、四八年才回國。曾任台北帝大醫學院院長的森鷗外長子森於菟也直到一九四七年擔任解剖學教授。

有關馬廷英教授一家人的生活，他的長子也

是作家的亮軒（本名馬國光）除了寫有《青田街七巷六號》一書外，也在目前已改為餐廳的青田七六開設導覽講座。亮軒說父親馬教授從四五年末來台後到七九年過世的三十四年都住在這個房子裡。入住當初四十六歲的教授和第一任妻子正在協議離婚，兩年後來台會合的子女（姐姐和亮軒），和父親以及姑姑一家人，有時連家庭教師也住進來共同生活在這個建地面積二百零六坪的日式木造房屋。這座豪宅內有起居室、餐廳、書房、和室、客廳、小孩房間、傭人房、大人和小孩分開使用的廁所、浴室、邊廊和陽光房等，另外也有據說是昭和町唯一的游泳池。

亮軒說馬廷英教授應該支付了原屋主足立仁教授買房子的錢，但是和終戰時已回日本的足立教授沒有直接碰過面，可能是透過戰後留在台灣大學的前同事居中交涉吧。總之入住幾年後，因為付不起高額的固定資產稅，馬教授將房子轉讓給台灣大學。

「如此一來可不必繳納稅金，修繕費用則是大學要出。」

亮軒說當初父親還沾沾自喜地這麼說，但其實大學幾乎沒有出過任何修繕費用，只見房屋日益老舊。馬教授六十五歲那年和小他三十歲的日本女子再婚，並生有一子一女，未料之後被迫從台灣大學退休。因為拿到的退休金微薄，只能勉強維持生活，沒有餘錢可以進行房屋修繕。

一九七九年馬廷英教授從這個家被送往醫院後過世。亮軒在那之前已離家出走，家裡剩下已死了丈夫的姑姑和四個小孩、繼母和異母弟妹。一個表兄弟結婚後繼續住在家裡。終於異母弟接受了台灣大學三催四請的遷移要求，最後搬離是在二〇〇九年。長年缺乏照料的庭院雜草叢生宛如熱帶雨林，梁柱和地板都遭到白蟻蛀蝕，亮軒不勝唏噓，感嘆曾經的豪宅已成廢墟！

從以上的敘述可以得知一項事實，也就是戰後隨著國民黨來台的外省人一旦接收並入住日本人留下來的房屋，就算所有權屬於工作單位非個人所有，至少在本人或配偶活著的期間都能一直住下去。儘管看在其他人眼中是一項福利，但感覺為了國家失去故鄉的當事人則認為理所當然，甚至覺得本人和配偶過世後沒有得到任何補償、得將房子交回是不合理的對待。

另外耐人尋味的是，亮軒說足立教授的故居曾起出六把武士刀和短刀。同樣都在戰後的台灣住過日式房屋的外省人第二代導演的作品中，侯孝賢的《童年往事》和楊德昌的《牯嶺街少年殺人事件》也都有從天花板裡找到武士刀的情節。看來在殖民地台灣生活過的日本人，不只是軍人，就連在大學教書的文化人也持有武士刀。大家面臨被遣返時也只能默默留下來，不帶走一片雲彩。

保護古蹟的方法

台灣大學早將大多數昭和町裡擁有的木造房屋進行拆除與改建。剩下的住宅多半也將內部裝潢改成西式，當年的原貌已不復見。馬廷英教授故宅則是因為家人一直住著而沒被拆除，又因負擔不起改建費用而保持建造當時的設計。這樣的背景因素反而提升了古建築的價值，於二〇〇六年登錄為台北市市定古蹟得以保存。變身為有形文化資產後的名稱是「台灣大學日式宿舍—馬廷英故居」。

不過市政府指定為古蹟，並不代表就會給付維護整修的費用。二〇〇九年變成空屋後，眼看著昔日豪宅的腐朽日益嚴重，一群算是台灣大學地質學系馬廷英教授徒孫的校友們同意出高額資金進行修繕，並經營此一改裝成賣日本料理的古蹟餐廳。他們成立名為黃金種子文化事業的企業體，二〇一一年正式讓青田七六營業上軌。他們翌年又接下同屬台灣大學的另一市定古蹟，也同樣長年遭到棄置而老朽的「台灣大學日式宿舍—陳玉麟故居」的修復與營運，重新以「野草居食屋」之名開張，做起類似居酒屋的生意。

將大學所有的文化資產古老建築改成餐廳和居酒屋的做法難免引人質疑，但缺乏收入來源的設施無法留存也是不爭的事實。尤其是在高溫潮濕的台灣，棄置的老舊木造建築很快就會腐朽。長年以來茶藝館兼營藝廊才得以存續的紫藤廬，之所以一人份的茶資收取相當於一餐飯的高額，除了要讓客人一口一口啜飲用酒精燈燒開熱水沖泡的茶湯、慢慢享受悠閒時光的費用外，想到也能有助於老建築的維護，就會覺得容易接受一點吧。

昭和町地區至今還保留著哲學家殷海光、擔任過台灣師範大學文學院院長的作家梁實秋等名人的故居。正好可以循著戰後從中國渡海來台、經歷過戒嚴時期之自由主義知識分子的足跡來一趟文學散步之旅。

日語媒體用日文訴說的戰前物語和外省人第二代用中文寫下的戰後故事，前昭和町存在著雙重敘說。要提醒的是由於語言的障礙，彼此都有看不清對方之處。

③——

「文化創意」風潮

文化創意園區

二〇〇〇年代以後，台灣各地有名為文化創意園區的設施相繼開幕。大多是歷史久遠可追溯至日治時代的釀酒廠等，戰後變為中華民國專賣局繼續生產，到了二十世紀末因老朽化而一一停止運作。通常會在其他場所另建新廠繼續生產，問題是舊廠區要如何利用才好呢？如今政權政黨透過侵占、轉賣獨占的利益被稱為「不當黨產」，所作所為隨時都在民選政府和市民團體的嚴格監視中。

正好又遇到民進黨躍起、政權交替的時期，讓過去在國民黨政權下幾乎被棄如敝屣的台灣文化環境有了煥然一新的機運。民進黨是由所謂「本土派」的台灣本省人中有獨立傾向的人們集結而成的政黨。他們心目中的「本土」並非中國大陸，而是腳下踩的台灣。這

花蓮文化創意園區

群人一旦推動起根植於地方愛、台灣愛的政治，將會帶來完全不同於過去的新觀念。

結果效法了布萊爾政權時代的英國，除了原有的傳統文化事業，也要振興具有創意元素的產業。基於此一訴求，中央政府開始主動使用「創意」一詞。「園區」是英文park的中文說法，過去通常是跟產業、科學、ＩＴ等名詞連結在一起。

目前在台北的華山、松山（前菸廠）、台中、嘉義、花蓮、台南（前倉庫）等各都市若拿到不動產市場肯定能賣到高價位的黃金地段上，突然間冒出巨大空間，保存並公開了古老的產業設施，不僅散發出思古幽情的特殊氛圍，裡面還設有劇場、藝廊、販賣手工藝品和當地特產的店家，甚至連咖啡廳、餐廳等也一應俱全。以日本來說應該類似於登錄成為世界產業遺產的富岡製絲廠吧；不同的是前者位在都會中心，提供場地和機會給當地藝術家和想要開店的年輕人們。

因為是國有古蹟和文化財，基本上進入園區免費。有些展覽和演講也都不收場地租金。因此有很多推著娃娃車的母親、推著輪椅的外籍看護輕鬆自在地到這裡散步。悠閒的氛圍感覺不出商業氣息，反而給人一種新鮮感。

其中甚至有像台北松山文化創意園區的驚人故事：任憑空地上長滿植物，不知不覺間成為了市內屈指可數的大綠地！而且台北的松山和華山彼此就在同一條路上的不遠處。工廠時代的巨大空間有圍牆與外界隔離，結果有朝一日突然開放，周遭的天空一下子開闊了起來，從此景觀也完全改變。

被保存的眷村

松山文化創意園區附近有紀念中華民國國父孫文的國父紀念館和台灣最高大樓的台北一〇一，繼續徒步五分鐘就會看到被保存下來的老舊眷村，名為四四南村。這也算是另一種的文化創意園區，經常會上日本雜誌，被介紹為「懷舊而可愛的街景」。

現在的四四南村

日文也有眷族一詞，但中文的眷屬主要指軍人的家屬。眷村是軍人家屬聚集同住的地方。不過同樣是軍人，將軍家屬住的是大房子，住在眷村的是下級士兵的家屬。因此與其說是軍人村，應該說是士兵村或士兵眷屬村，才能傳達出更貼切的語意吧。

台灣大學出身、父親是國民黨將軍的知名作家白先勇，代表作的短篇小說集《台北人》，其實正是從中國來到台北的外省人群像。其中有一篇寫的是眷村，標題為〈一把青〉，近年來曾拍成電視劇十分受到歡迎。

故事描寫一九三〇年代到四〇年代，中國發生戰事（中日戰爭、國共內戰），一群丈夫出外打仗的妻子們一邊過著以門與圍牆和外界隔離的日子，一邊等待丈夫的歸來。內戰末期，國民黨軍隊敗走台灣後，各地眷村也跟著遷移到台灣。可是有一部分的妻子們在撤退的混亂中和丈夫生離死別，流落在眷村外，面臨殘酷的現實打擊。

《一把青》的舞台是空軍眷村，其他的陸軍、海軍和負責情資工作的士兵等家屬也都各自住在所屬軍種的「村子」裡。因為隸屬軍方組織，名稱多半冠上數字。例如台北最古老的眷村四四南村，就是住著曾經服務於山東省青島市四四兵工廠（製造與維修武器的工廠）的相關人士。四四兵工廠的工人及其家屬來台後，被分配到的是前日本陸軍的倉庫。因為是倉庫，雖然有可遮風避雨的屋頂和牆，卻沒有廚房和廁所，所以住戶們得使用共用廚房和公共廁所。

戰後來自中國的外省人之中，能夠住進昭和町大學住宅的僅限於少數的菁英分子。大多數混亂期間來台的人們則是被塞進原本不是宿舍的空間。不僅如此、更有最低階層的外省人憤慨不已道：那些人能有地方住是人在福中不知福！

一九七〇年代以後各地眷村開始進行改建與搬遷，因為其中不乏類似貧民窟的違章建築。可是從住戶的立場來看，當初以為只是暫時逃難卻長期住了下來，好不容易生活剛安定些，感覺又要被迫搬家。於是展開強硬的反對運動。諸如此類的插曲常見於電影、攝影展等藝術作品中。特別是像四四南村並非正式的軍方組織，又因戰爭中幾度流離顛沛，使得一群來自南北各地語言互不相通的住戶聚集在一起。因為意見難以彙整，讓他們到了二十世紀末，才能結束長達五十多年在惡劣環境下的生活。

多半的情況是要等到第一代的住戶過世後才能達成共識；而當正要開始進行拆除時，許多也是眷村出身的外省背景文化人發出呼籲要求保存。結論是在台北一〇一底下的四四南村保存了一小部分用來展示眷村歷史，另外也兼具文化園區和商業設施的功能。

目前除了有賣充滿藝術感的雜貨店家外，也舉辦假日市集等活動。或許氣氛和昔日的眷村風情迥異，但光是將名稱和存在事實留存給後世知曉已具有一定意義。

巴洛克樣式的商店街——台北迪化街

淡水河由南向北流經台北市西側。位於台北車站南側河岸邊的萬華和北側的大稻埕是台北歷史最悠久的漢人街，兩地都經銷船舶運來的商品而熱鬧繁榮。其中北側的大稻埕在清朝統治時期是因高級品的烏龍茶、樟腦等貿易而大發利市備受潤澤的區域。擁有可追溯至十九世紀歷史的迪化街（迪化乃中國新疆維吾爾自治區首府烏魯木齊的舊名）充滿巴洛克樣式的商店街，正好可反映出當年的歷史。

迪化街「亭仔腳」走道上突出著建築物二樓。右側可看見馬路。

經過各種時代，二次戰後成為布疋和南北貨批發中心的迪化街，即便是今天每到年節時分就擠滿前來採購烏魚子等春節必備的宴客食材，萬頭攢動的景象跟東京的「阿美橫」不分軒輊。

這條兩層樓紅磚建築的正面上方各自有精美裝飾的商店街，面臨馬路的一樓部分是人行道，突出於上方的是建築物二樓，乃所謂的騎樓建築。對行人來說，就像可以避雨的拱廊一樣，夏天也能防日曬，十分適合多雨暑熱的台灣。騎樓用台語發音是「亭仔腳」，除了台灣各地也可見於東南亞。大稻埕主街的迪化街近年來獲得政府補助進行修護，以致保存特殊的美麗景觀。

迪化街最棒的是布疋和南北貨批發的古老行業至今依然健在，可同時吸引本地居民和觀光客前來。

有賣早年設計俗豔，如今反倒顯得可愛的客家傳統花布，或可就近找店家裁製的旗袍用料子，隔壁卻是陳列大量木耳、蝦米、香菇、海蜇皮、海蜇頭、燕窩和海參，或是賣芒果乾、番茄乾、南北杏、朝鮮人參等各式各樣的中藥材。還有賣核桃、蓮子、南瓜子、最近頗受歡迎的牛軋糖等零食的店家，或是賣包裝充滿懷舊風味的冰棒，旁邊卻是賣類似今川燒的車輪餅。其他還有很多完全猜不出是什麼的各種商品。

另一方面，近年來也開始出現許多高設計性的本地商品，想來是推廣文化創意概念的活動成果吧。有T恤、帆布包、明信片、造型磁鐵、馬克杯等，或是地域相關的書籍、原住民族工藝品。也有以前五金行賣的藤籃、木製便當盒、塑膠繩編織的大中小等各種尺寸的購物袋等，因為日本雜誌有介紹過，所以成為觀光客購買的目標。商品種類極其豐富，一些像是用台灣風印花布做的筆袋、化妝包、筆電包等也已外銷到日本。

這條街之所以得以留存，據說早從一九八〇年代起就持續努力推動街頭景觀的保存，具體而言有戒嚴令解除翌年發起的「我愛迪化街」計畫。主要推動者是曾於東大工學院擔任研究員，成立非政府組織（ＮＧＯ）歷史資源研究學會的丘如華女士。起初從都市整備的觀點決定迪化街的擴展時，她便鍥而不捨地和政府交涉，結果推翻了原有決策。

丘女士說明：台灣開始有維護當地街頭景觀的想法，是一九七〇年代聯合國代表權被中國奪走以後。過去在國民黨獨裁下，台灣人接受中國化的教育，隨著被逐出聯合國後，人們心中開始萌生應該重視台灣自我認同感的念頭。

問題是在缺乏言論自由、集會結社自由的地方，任何活動都無法安心進行。戒嚴令解除後立刻推動「我愛迪化街」計畫，應該說是台灣人的鄉土愛整個爆發出來的結果吧。丘女士的NGO之後也協助台灣各地的街頭景觀和產業遺產等保存，同時持續和美國、澳洲、日本、東南亞各國的活動家、研究學者們交流。

如此一步一腳印的成果是在一九九〇年代以後的台灣，從國家到地方政府開始有了古蹟認定等架構，古老建築和街頭景觀也相繼被保存下來。這顯然是民主化的果實。從外在看來，兩大政黨制度生效，不管是市政還是國政，每到選舉就產生戲劇性變化，結果帶來了迅速的進步。然而丘女士表示政權交替有時會讓執行到一半的政策突然中斷，甚至走向極端的方向。

仔細觀察，如今的台北已經是和三十年前迥然不同的都市，其中有新的建設，也包含了老舊事物的再發現與重生，同樣的變化也發生在台灣各地。重視傳統的同時，仍不斷變化的台灣社會本質，亦體現在城鄉建設之中。

第五封／地名和人名的物語

① ——

地名的物語

台北的中國地圖

二〇〇九年台灣和中國開始了史上首度的定期航班往來，來自中國的觀光客大舉湧入台灣。聽說他們一到台北市就到處跟路名標示牌合影。

台北市民覺得莫名其妙，仔細端詳過道路標識後才意會到：上面寫的盡是中國各地地名。瀋陽街、長春街、廣州街、重慶路、青島路、天津街……中國觀光客一找到和自己居住城市相同的道路標識便立刻拍照留念。

東西橫貫台北市中心的道路名叫南京路。因為一九四五年日本從台北撤退，中華民國接收時候的首都就設在南京。其證據就是台北沒有北京路，倒是有北平路。當首都設在北京以外的其他城市，為了避諱使用代表首都的「京」字而改稱為北平。

一八九五年起長達半世紀的日治時代，台灣各地曾有許多日式地名。台北有本町、京町、大和町、幸町、旭町、錦町等的一丁目、二丁目、三丁目，也有明治町、大正町、昭和町，甚至根據歷代總督姓氏命名的樺山町、乃木町、明石町、佐久間町、兒玉町等地名。

當時有正式名稱的道路不多，經過本町的道路就叫做本町通，經過大和町的叫做大和町通。攝政時代的昭和天皇訪台之際，為了參拜祭祀接收台灣時過世之北白川宮能久親王的台灣神社，特別將行經之敕使道路取名為御成街道則屬例外。另外任職總督府的官員和家屬們居住的高級住宅區大正町則仿效京都，將道路由南向北依序冠上一條通到九條通的街名，至今仍有叫二條通的咖啡館位於東西向小巷裡，在老舊日式木屋在開店營業。

另一方面，接收台灣的中國一向有命名街道的習慣。戰爭剛結束的一九四五年十一月十七日立刻公布了「台灣省各縣市街道名稱改正方法」，下達去除日本時代地名的命令，尤其是根據日本人姓氏命名和有關宣揚日本國威的地名。當時台北的六十二個「〇〇町」全被廢止。同時清朝時代的舊街道名在相隔半世紀後重新復活。原來，大多數的台灣人在半個世紀的日治時代裡仍沿用著舊街道名的。

一九四七年政府又發出公告，要根據中國地名重新命名台北市內的道路。

具體而言，將台北市大致分為四個區塊，東北區塊以中國東北省分的地名、西北區塊以中國西北省分的地名、西南區塊以中國西南省分的地名、東南區塊以中國東南省分的地名命名。於是長春街在台北的東北部、重慶路在西北部、昆明街在西南部、廣州街在東南部，直到今天地名依舊。

名字烙下出生地台灣的外省人作家龍應台在其暢銷作《大江大海一九四九》中提到關於一九四七年的地名命名，乃是「當時從中國來台任職於行政長官公署的建築家鄭定邦參考上海租界內的地名一一決定的」。順帶一提的是，和龍應台一樣名字中有「台」字的人大概都是台灣出生的外省人第二代，收購夏普的鴻海精密前董事長郭台銘就是一例。

台北的街道名除了中國地名外還有幾個命名原則。

例如根據中華民國國父孫文的三民主義（民族主義、民權主義、民生主義）而來的民族路、民權路和民生路。

還有從孫文闡釋民族主義所揭櫫之八德，兩兩配對而成的忠孝路、仁愛路、信義路和和平路。

其他還有慶祝戰勝和祈念復興的新生路、中華路、愛國路、光復路和建國路。

另外有根據孫文的名字而命名的中山路、根據其號的逸仙路。根據國民黨政府要人姓名的林森路，根據同盟國美國總統之名的羅斯福路，曾經還有以麥克阿瑟將軍為名的麥帥路。

台灣其他都市的主要街道通常是根據孫文之名為中山路，第二大的街道則是根據蔣介石之名為中正路。然而台北市卻沒有中正路，據街談巷聞從前有過中正東路和中正西路，只是隨著經濟發展街道逐漸延長，中正西路七段之後必須增長到八段了。問題是中正西路聽起來跟「中正死路」諧音，「八段」容易聽成中文罵人的「王八蛋」。獨裁時代萬一被誤會有侮辱偉大領袖之嫌就性命不保，所以將中正路改為至今依然沿用的八德路。

關於台灣地名的日語讀音

從日本飛往台灣的班機，往台北會停靠桃園國際機場或松山機場，往南部則是停靠高雄機場或台南機場。

位於台北郊外的桃園國際機場過去根據蔣介石本名稱為中正機場，英語廣播時則稱呼「Chiang Kai-shek Airport」。二〇〇六年才根據所在地變更為現在的名稱。

當時是陳水扁總統的第一次民進黨政權時代，推動了「正名運動」以減輕台灣專有名詞的中國色彩和蔣氏影響。通常此一類型的地名變更多半是因戰爭或革命而發生，可見得國民黨的下野對台灣而言，其衝擊不下於革命。事實上同一時期，台灣中小學使用的國定教科書也修訂內容，將中華民國首都由南京改為台北（中華民國憲法沒有首都的記載，二〇〇二年行政院長於立法院宣布「中華民國的首都是台北」）。

之後二〇〇八年國民黨取回政權，馬英九總統開放了斷絕達六十年之久的兩岸直航。起初開放中台兩地的包機可進出台北市內的松山機場，翌年開放為定期航班。現在台北松山和上海浦東的最短航線為八十二分鐘。台灣九個機場都有直航班機通往中國的七十四個機場。同時過去僅限國內航線使用的松山機場也對來自羽田機場的班機開放，對日本旅客而言便利許多了（為了怕被說是「將中國班機當成國內班機」而採取的措施）。

松山機場的英語和中文發音都是「Songshan」，但日本人通常仍以「Matsuyama」相稱。就像稱呼南部的高雄為「Takao」，使用日文的訓讀發音（譯註：日文發音方式之一，借用漢字的形與義，發音仍用傳統的「大和言葉」。音讀則是發音也使用該漢字的古代中國音。）。日文對於外國地名，不管是北京、上海還是釜山，一般都是根據當地發音說成Pekin、Shanhai、Pusan。重慶、廣州用日語發音時也習慣音讀成「Jukei」「Koshu」。至於松山，在台灣當地就有國語發音的「Songshan」、台語發音的「Shonsan」和客語發音的「Chunsan」，所以或許有日本人覺得用日語訓讀會構成「政治不正確」之罪。

殖民地時代的命名原則

日治時代的命名基本上是將原有地名改為日式地名，變更時則是採用美化和簡化兩大原則。美化的對象是清朝時代源自原住民語的地名被冠上有歧視意味的漢字者。

例如「高雄」原本是原住民語地名「Takao」被冠上「打狗」二字。因此基於訓讀從京都高雄山找來一樣發音的「高雄」二字而借用之。另外常被相提並論的嘉義縣「打貓」也同時改名為「民雄」。兩者都屬美化；從字面上來看，作為中文地名也沒有問題。因此即便到了中華民國統治下也還留存，目前國語發音是「Gaosyong」「Minsyong」，台語發音是「Kohiong」「Binhiong」，客語發音是「Kohiung」「Minhiung」。如果就還原原住民語地名的意義來看，將「Takao」「Tamio」以日語訓讀方式標記似乎也不算是壞事。

其他像是將「水尾」改成「瑞穗」、將「彌濃」改成「美濃」，將「鹹菜」改成「關西」也都是用發音近似的日語加以美化的成果。相對地，將「水返腳」改成「汐止」乃是無關發音而是意譯。將「枋橋」改為「板橋」、將「三角湧」改為「三峽」則是以日本人比較熟悉的漢字為優先考量。

簡化的情況多半是將三個字縮減為兩個字。像是「桃園仔」改為「桃園」、「山仔頂」改為「山上」。至於將「牛罵頭」改為「清水」、「葫蘆墩」改為「豐原」、「林圮埔」改為「竹山」、「阿公店」改為「岡山」等，固然可說是恣意妄為的日本化，卻也達到美化的目的。台灣島最南端的恆春半島，原住民語地名冠上的漢字原為「蚊蟀」，日本人之所以改為日語發音相近的「滿州」，應該是試圖追求更進一步的「（大日本）帝國化」吧。

東海岸的花蓮在清朝以前主要是原住民生活的土地，漢人入住者較少。因此才會從日本派遣農業開拓民到該地區。他們多數來自四國德島，所以將流經當地的「七腳川」改名為流經故鄉四國的「吉野川」。其他還有將「烏雅立」改為「鶴岡」、將「貓公」改為「豐濱」等。戰後「吉野」又被改為「吉安」，不過至今留存最多日式地名的仍屬該區域。

另一方面，澎湖群島的「媽宮」被改名為「馬公」至今依然沒改回來。只因舊名源自供奉台灣最受愛戴女神的媽祖宮廟，所以風評不佳。生於澎湖長於澎湖、寫過台灣地名專書《被誤解的台灣老地名》的陸傳傑，序文以「渴望一個屬於自己的地名」為題訴求「正名」的必要性。

日式地名的戰後

一如台北路名所示，日本戰敗後接收台灣的中華民國台灣省行政公署一開始便下令要儘早廢止日本色彩濃厚的地名。其中必須更改名稱的，除了「日本人名、宣揚日本國威相關的文字」（例如明治、乃木、大和、朝日）外，還有明顯為日本名者，並舉出「梅枝町、若松町、旭町」等例。也就是說，國民黨政權原本就有變更地名的打算。

可是時至今日，台灣各地仍然保有日治時代以來的地名。

其背景還是因為國民黨在中國大陸的內戰敗給共產黨，最後被迫全面退守面積不到中國國土百分之一的台灣島。島上居民多數雖然是祖先相同的漢民族，但彼此之間卻語言不通。為了用權力鎮壓人數較多的台灣本省人而實施的戒嚴令長達三十八年之久。這段期間一如喬治・歐威爾（George Orwell，一九〇三—一九五〇年）的《一九八四》（譯註：喬治・歐威爾於一九四九年創作的反烏托邦小說，探討政府權力過分伸張、極權主義、對社會所有人和行為實施壓抑性統治的風險。），國民黨政權仍大喊著實際上無法實現的「反攻大陸」口號，教導台灣中小學生跟他們日常生活相去甚遠的中國史地，台灣的時間就某種意義而言是停滯不前的。

就像日治時代建設的建築物一樣，日式地名並非從戰後初期刻意被保存下來，而是因為國民黨的消極不作為，長期被棄置不顧的結果，作為歷史的偶然殘存至今。

更加不可思議的是，儘管戰敗的日本人已遭遣返，遠離台北的南部和東海岸一帶，地名日本化仍方興未艾。近年來因台灣國立中山大學社會學系葉高華副教授的研究，有不少浮現檯面，多數案例的共通點是：在原本是原住民族居住的區域，因為與漢人的接觸機會少，地名到了日治時代仍未冠上漢字而是在地圖上用片假名標示之案例。到了戰後某一時期又被要求變更為漢字表記，而當時的文字選擇竟然是根據日語的訓讀。

例如屏東縣的Kasuga社變更為春日鄉，三地門鄉的Aoba社變更為青葉村。新竹縣石尖鄉的Tabaho社漢字表記為田埔。從高雄市桃源區的Tamaho社衍生出玉穗溪、玉穗溫泉等地名。花蓮的Takkiri溪變成了立霧溪。不難想像這樣的變更是那些在日本五十年統治期間受日語教育、讀寫日語如行雲流水的人們在無意識間造成的結果（以上擷取自葉高華《民國時代創造的日式地名》）。

另一方面，也有些地名是根據日本人留下來的漢字而成。將日治時代釀酒廠遺址變身為藝文空間的台北華山一九一四文創園區，是根據過去附近有紀念首任台灣總督樺山資紀的樺山貨物站而命名的。樺山資紀是知名散文家、也是白洲次郎妻子白洲正子的祖父。樺山站戰後遵從行政公署「與日本人名相關的地名不得留存」的指示，去掉木字旁改名為華山站。該車站於一九八六年廢止後，地名仍繼續保留。

台日同名的火車站

近年來台灣也開始受到日本鐵道迷的矚目。理由之一是日本和台灣同名的火車站多達三十二個。

分別是松山、板橋、桃園、富岡、豐原、大山、日南、清水、追分、大村、田中、水上、新市、大橋、岡山、大里、龜山、中里、新城、平和、豐田、南平、大富、瑞穗、池上、關山、竹田、東海、竹中、橫山、富貴、豐富。

台灣方面，這些名稱幾乎全是在一九二〇年變更行政區劃分時的統一命名。不過從「大和」變更而成的「大富」、從「林田」變更而成的「南平」，在日本也找到了與變更後相同名稱的車站。

由於站名大多取自於地名，有些地名跟日本人的姓氏一樣。所以例如姓氏為松山、富岡、大山、清水、大村、田中、大橋、竹山等的日本人想要跟台灣鐵路火車站的看板拍張紀念照也不奇怪。就像台北街頭來自中國的觀光客一發現寫有故鄉地名的道路標識，就要合影留念一樣。

順帶一提的是漢人的姓氏基本上是單姓，很少有雙姓。一如俗稱的「百姓」花樣也有限。中國整體以李、王、張為三大姓。台灣因為來自南中國者較多，分布也集中，最大姓氏是陳，占兩千三百萬總人口的一成以上，約兩百五十萬人。第二大姓氏為林，其次依序是黃、張、李、王、吳、劉、蔡、楊等。前二十大就占了總人口的七成。

要跟姓氏來自地名的日本人一樣找到相同的站名，簡直是不可能的事。

另外因為有利於吸引彼此的觀光客，台灣的台東線關山站和日本越後心跳鐵道關山站、台北松山站跟愛媛縣松山站等各自締結了姐妹站的關係。台灣觀光協會還舉辦了邀請三十二位跟台灣火車站同名的日本人來台一遊的宣傳活動。和樂共處豈不美哉！但如果回顧歷史，假設戰爭結束當年台灣行政公署下達的指示被徹底執行，恐怕將不會留下如此多的日式地名和站名吧。

台灣在戒嚴令下的三十八年，中小學校沒有教過台灣的地理和歷史，因此經常出現熟

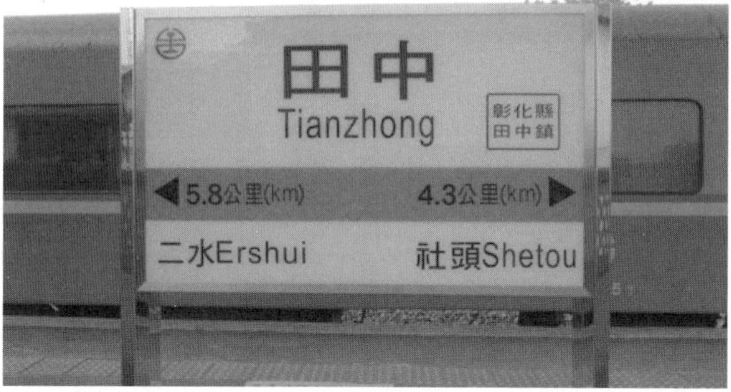

台鐵田中站的站名告示板

知中國的河川名和鐵路交通路線，卻對本地的河川名、建築物由來等一無所知的窘況。

「從小就被教育那是總統府，沒想到原本竟是日本人建的總督府！真是太驚訝了！」經常聽到有人這麼說。

彷彿反作用般，進入二十一世紀後，刊載殖民地時代歷史地圖和事件的書籍大量出版，在歷史教育空白的背景下蔚為一股風潮。

台日共通的地名和站名絕非偶然從天上掉下來的禮物，而是一九二〇年台灣總督府調整行政區域統一改名的結果。但此一事實不只是日本就連台灣也少有人知。例如高雄市美濃區和岐阜縣美濃市於二〇一二年締結為姐妹市。當時只舉出同名和彼此都努力繼承傳統文化之由，幾乎沒有提到從彌濃改名為美濃的歷史經過。於是不時能瞥見「造訪岐阜縣美濃市，因為擁有相同地名的地方給人一種浪漫感覺」的遊記。

二〇一八年彰化縣的台鐵田中站和長野縣的信濃鐵道田中站簽約時，雖然報導了台灣田中站於一九〇五年開業時的原名是田中央站，一九二〇年才改名為田中站的事實，卻沒有詳細說明歷史背景。而且台灣方面的宣傳文案是「日本有一百四十萬人的田中桑，歡迎務必來台灣田中站一遊」，日方則是回應「長野田中站附近還有跟台灣同名的追分站」。

或許雙方都刻意不掀開歷史的真相吧。畢竟兩造合意的交流關係，第三者何必不識相地硬要插嘴。只是有一點必須明說：我從未遇到過不知道台灣接受過日本殖民統治的台灣人，相反的經驗卻數不勝數。

②——

台灣原住民的鬪爭

日治時代的「改姓名」

日治時代的台灣不只是地名被改成日式，還曾有過姓氏也要日本化的時期。中日戰爭起到太平洋戰爭期間的一九四〇年，設置了「改姓名」制度。那是慶祝神武天皇紀元的第「二千六百年」，將日本歷史改為神話的一年。為了貫徹國民總動員參戰的政策，台灣實施了皇民化運動：一方面推廣家庭裡都說日語的「國語家庭」，同時也要把姓名改為日本式，圖使台灣人進一步近似「天皇的赤子」。

只是不同於朝鮮半島「創氏改名」的廣泛性與強制性；台灣的「改姓名」採許可制，主要遊說社會階層較高的家庭和公務員提出集體申請。雖然沒有確切的統計數字，似乎正式提出申請的家庭數仍不到一成。

話是這麼說，實際上在「改姓名」制定之前的一九三〇年代起，地方區公所便開始獎勵新生兒取日式名，學校老師也會幫學生取日本名字，因此當時在日常生活中使用日本名字的比例應該高於一成。

據說正式實施「改姓名」後，以提高食物配給內容以及改善小孩子升學條件作為誘餌。調查看看就讀名校的台灣人學生姓名，確實使用日本名字的比例高於整體社會。

太平洋戰爭開始後，志願或是徵兵加入日本軍隊的台灣人，就會跟到高座海軍工廠的少年工一樣，凡是為軍方工作都會被要求改用日本名字。嘴裡常掛著「二十二歲以前是日本人」的李登輝前總統，就讀京都帝大農學院時改名為岩里政男，一九四四年還以學生身分被動員出征。

由於台灣原住民族在台灣社會屬於少數派，容易受到外來政權的影響，日本統治下全數都改為日本名字。在原住民居住地，日本警察不僅兼任學校老師而且往往娶頭目之女為妻，以便假借頭目家的權威行使絕大的影響力。

結果如同電影《KANO》（馬志翔導演，二〇一四年）描寫的嘉義農林學校球隊，一九三一年代表台灣到甲子園出賽，先發出場的九名選手中有四個是原住民學生，各自報上了東和一（阿美族）、真山卯一（阿美族）、上松耕一（卑南族）、平野保郎（阿美族）的日本名字。另外，早一年日本軍隊鎮壓台灣原住民暴動的霧社事件（電影《賽德克・巴萊》有詳實描述，魏德聖導演，二〇一一年）中，夾雜在兩者間糾葛紛爭而自殺的兩名原住民警察叫花岡一郎、花岡二郎（姓氏相同但彼此沒有血緣關係）也廣為人知。

《莎韻之鐘》

太平洋戰爭時期，台灣原住民族因為慣於在山岳地帶活動，說的又是南島語系的語言，可以跟菲律賓、荷屬東印度（現印尼）等當地居民進行某種程度的交流，因此被要求協助加入南方戰局。結果據說有將近四千個高砂義勇隊員被派往菲律賓、新幾內亞島等地出征，犧牲人數超過三千人。戰爭年代，做個光榮的日本人意味著光榮赴死。為了鼓勵原住民族青年上戰場而展開的宣傳活動之一就是著名電影《莎韻之鐘》。

一九三八年在台灣東海岸蘇澳的山岳地帶，發生了泰雅族少女沙韻落水溺斃的事故：一名兼任蕃童教育所老師的日本警察收到徵召令後，收拾行李準備下山，幫忙老師搬運行李的少女行經獨木橋時，失足跌落溪流而行蹤不明。

總督府當局將該事件視為榜樣擴大宣傳，並在事故現場附近設立紀念鐘和紀念碑，媒體也大肆報導。一九四一年古賀政男作曲、西條八十作詞的流行歌曲〈莎韻之鐘〉在渡

電影《莎韻之鐘》劇照（左端為李香蘭）

邊濱子的演唱下大賣。兩年後松竹電影也製作了清水宏導演的《莎韻之鐘》，由隸屬當時滿洲映畫協會的女明星李香蘭（後來的日本女星山口淑子、參議院議員大鷹淑子）擔綱主演。

過去台灣原住民除了日本占領初期被當成討伐對象出現在新聞畫面以外，幾乎沒有機會在銀幕上看到自己的身影，就算有也總是在日本人眼中野蠻、未經開化的第三者形象。突然間名聲響徹大日本帝國各個角落的女明星為了表揚與扮演台灣原住民少女，現身在台灣東海岸的山地之中。而且在劇中除了高唱主題曲外，還演唱了為促使台灣漢人和原住民族從軍而作的〈台灣軍之歌〉。

父母皆是日本人、生於中國長於中國的山口淑子，配合大人們尋找「會說日語的滿洲姑娘」作為「滿日親善」化身，以李香蘭身分於娛樂圈出道。因為現實中不存在如宣傳所求「會說日語的滿洲姑娘」，只好讓日本少女在銀幕外也繼續扮演著「滿洲姑娘」。李香蘭之名是父親的中國友人在收她為乾女兒時取的名字，本人則是日本人。儘管如此，除了在作品中，她在拍片現場和記者發表會上也都以中國人自居。直到戰爭結束後被當成「漢奸」送上法庭，才提出日本的戶籍謄本為證而逃過一劫。雖然很難說有哪些行為出於她個人意願，但多番虛與委蛇背叛眾生應屬事實。

她的人生經歷戰後在日本國內被媒體公諸於世，近年來也經由四季劇團的音樂劇《李香蘭》廣為流傳，可是戰後脫離日本領土的台灣長年處在真相不明的歲月中。幾十年來台灣原住民族將日語流行歌曲〈莎韻之鐘〉當成自己的歌傳唱的情形，可從電影《練習曲》（陳懷恩導演，二〇〇七年）中看見。而過去總督府贈送的紀念鐘被復原，重新成為觀光景點的畫面也出現在電影中。戰爭結束前屬於日本的台灣，戰後至今仍有些（日語傳述的）歷史還未被改寫。《莎韻之鐘》的故事就是在日本已被遺忘，卻依然留存在台灣的一例。

從高砂族到台灣原住民族

對於台灣原住民族一詞，我想應該有不少日本人感覺很難接受。因為在日本「原住民」被認為是歧視用語，早就改稱為「先住民」。可是台灣從一九八〇年代起花了十年以上的時間才將充滿歧視感的「山胞」（山地同胞簡稱）改為「原住民族」。

當初國民黨政權的疑慮是名稱變更會不會發展成土地所有權訴訟或獨立運動，因此提出的替代方案包含了「先住民」「早住民」。可是原住民方面認為「先住民」「早住民」僅意味著「比漢人早住進來」，恐怕無助於原居住者的權利擴大而予以否決。經過兩次修訂的憲法，終於在一九九七年將「原住民族」的名稱寫進中華民國憲法裡。在日本說明兩者差異時，習慣強調中文的「先住民」帶有「已經滅絕」的含意，因此台灣人有所避諱。但事實上在長年交涉的過程中，「先住民」一詞已被明確否決。

提到台灣原住民族，總有日本人反問「所謂原住民族就是以前被稱為高砂族（Takasago-zoku）的吧」。的確，日治時代末期，尤其是在一九三五年的台北博覽會以後，日本人稱呼台灣原住民族為「高砂族」。

過去漢人慣用「番」來稱呼台灣原住民族，趨於同化的平地「番」稱呼「熟番」，在山上過狩獵生活的「番」稱「生番」。介於兩者之間的則是「化番」。進入日本統治時代後，「番」改稱為「蕃人」、「熟番」改稱為「熟蕃」、「生番」改稱為「生蕃」、「化番」改稱為「化蕃」（「番」和「蕃」指的都是「異族」，但因日文中的「番」有當班的意思，「番人」指的是看守，所以改用加了草字頭的「蕃」以示區別）。後來改稱為「高砂族」據說是昭和天皇或其他皇族造訪台灣時下的指示；但那是說一切皆為皇室的恩慈時代，詳情已不可考。

日本人以高砂稱呼台灣，一六一五年異國渡海御朱印帳中有「高砂國」的表記，看來在江戶時代已十分普及。根據歐洲人的紀錄，台灣被叫做Formosa、Taioan、Takasagun等。中國史書上則是有小琉球、東番、大員、台灣等名稱。只有日本人用了高砂二字的漢字標記。可能是將一部分當地人和歐洲人口中的「Takasagun」發音以日本方式冠上「高砂」的漢字吧。日本正月時節常見於壁龕上畫有高壽夫婦的掛軸名為「高砂」，可見得此一詞必定意味著吉祥喜氣。

目前占台灣人口百分之二、約五十多萬人的台灣原住民族，在日本占領後，經柳田國男（譯註：一八七五—一九六二年，日本民俗學之父。）的同鄉友人、人類學家伊能嘉矩等的語言調查，將其分類為「平埔族」（熟蕃）十族、「高山族」（生蕃）九族。中華民國接收後使用「平地山胞」稱呼「平埔族」、用「山地山胞」稱呼「高山族」，傳言前者已完全漢化消滅了。

然而當「台灣原住民族」一詞寫進中華民國憲法後，開始出現了改掉過去被日本人、漢人強行冠上的部族名稱，重新界定部族區分等要求。結果到二十世紀末為止共計九族的原住民族，到了二〇一八年經中央政府認定的已增至十六族。而且還包括過去已被認定滅絕的平埔族中以宜蘭縣為中心、人口約一千五百人的噶瑪蘭族、南投縣的邵族（約八百人）。至於其他平埔族，台南的西拉雅族已被市政府認定，花蓮縣的大武壠族、屏東縣的馬卡道族也被當地公所認定。另外有七族也正申請認定中。在此潮流下，一度被認定為已消滅的平埔族語也有了復甦的趨勢。

個人姓名的變遷

要求正名的第三階段則是將個人名字恢復成原住民語言，以及修正山河名稱。一如前述，長達五十年的日本統治結束時，幾乎所有台灣原住民族都被改用日式姓名。變成中華民國時代後，又被強制改用漢民族式的姓名。但因改名手續欠慎重，造成同一家族姓氏互異等混亂窘況。於是又制定出「重新改名」手續。從一九九五年起政策放寬可擁有原住民語言的姓名，但在申報時須用漢字表記，到了再後來可用羅馬拼音表記。

結果二十世紀的台灣原住民族中，一生改過兩次甚至三次姓名者大有人在。命名受到外來政權擺布的實例之一是阿美族出身、原高砂義勇隊員的李光輝。

他一九一九年生於現在的台東縣，阿美族語名是Suniyon，卻被改用中村輝夫的日本名字，一九四三年入伍編入台灣步兵第一連隊。一九四四年七月，登陸今印尼的摩羅泰島，直到四五年八月戰爭結束後仍繼續潛藏在該島叢林中，被發現時已是三十年後的一九七四年十二月。雅加達日本大使館的自衛隊武官立刻飛往當地會見時，他用日語報出了姓名和所屬部隊名稱。隔年一九七五年一月返回台灣。法律上的姓名在自己一無所知的情況下已被改成漢人式的李光輝，也因不會說中文無法回答記者的提問。當時的台灣因日本與中國建交並與中華民國斷交而處於反日情緒最高漲的時期，甚至有種視前日本軍人為逆賊的氛圍。他後來在花蓮阿美族文化村裡重現叢林生活，一九七九年因肺癌過世，享年五十九歲。

台灣原住民族一如日本名字的普及度所示，日治時代文化上的日化程度已頗深入。不料到了戰後又因蔣介石夫婦都是基督徒的關係，來自歐美的傳教士開始在山上積極從事布道活動。結果有段時期幾乎所有原住民都信基督教。然而近年來隨著原住民族文化重新獲得肯定、傳統豐收節等活動復甦的動向頻仍，也引發出基督教會干涉等問題。在多重殖民歷史的影響下，台灣原住民尋求自我認同之旅，目前還遠遠沒抵達終點站。

③——

「正名運動」的去向

民進黨推動的改革

台灣的「正名運動」乃源自於論語的「名不正則言不順」，意圖「訂正錯誤的名稱」。「正名」的要求一開始是原住民族對漢人政權提出的，接著代表台灣本省人的民進黨以挑戰國民黨威權的方式持續推動。

台灣原住民族要求的憲法修訂實現於一九九七年。那是李登輝經由史上首度直接民選再次當上總統的翌年，也是台灣民主化大幅前進的一年。跟過去的中學歷史課本完全不同的「認識台灣」也在一九九七年被採用，應該絕非單純的巧合。

將近半世紀的國民黨獨裁下，包含原住民族的台灣人被教育為中國人。然而從這一年起有了轉變，立足台灣放眼世界的「本土意識」逐漸滲透社會的每個角落。而且台灣人民心目中的「本土」理所當然也包含了原住民族。

民進黨陳水扁政權下的二〇〇三年，中華民國護照封面上的英文表記在原有的「Republic of China」之外加印了「Taiwan」。具體的理由是海外旅途上可減少通關時發生的誤會，同時也要讓世界更多人認識「Taiwan」的名稱。台灣當局也從中華民國的地圖上去掉了大陸部分，終於正式承認「中華民國＝台灣」的事實。

台灣政權顧及和中國共產黨政權的關係，不僅是國民黨連帶民進黨都維持中華民國的國名（否則會被視為獨立，恐將引發戰爭）。可是隔著台灣海峽的兩個政權都主張統治著全中國的對立局面便已終止。若是從現實政治的觀點來看，共產黨、國民黨和民進黨之中，國民黨實質上已然敗北。

之後國民黨能走的路，不是屈服於共產黨就是找出和民進黨的妥協點。如此一來對共產黨而言，國民黨的利用價值反而增加了。因為國民黨就是反對台灣獨立、訴求「統一中國」，並試圖與共產黨和平相處。

二〇〇七年民進黨的陳水扁政權將台北中正紀念堂改名為台灣民主紀念館，並將高掛在正門入口處，為表達對蔣介石崇敬之意而將其名字「中正」嵌入的「大中至正」四字，改寫成「自由廣場」。接著又在國民黨馬英九政權下，該建築物又恢復了中正紀念堂的名稱，但「自由廣場」四字則予以保留。

當「台北」之名改變時

顯示在台灣「正名運動」中，原住民族擁有的重大意義是，總統府前的大馬路由源自蔣介石的「介壽路」，改用過去生活在這片土地上的平埔族名成為「凱達格蘭大道」。以此為契機，台南也有了同屬平埔族名的「西拉雅路」，台東誕生了根據原住民頭目名字命名的「馬亨亨大道」。

當初「凱達格蘭」對大多數台灣人而言，可說是從來沒聽過的專有名詞。隨著後來的歷史研究得知：原來「凱達格蘭」（Ketagalan）跟從清朝到日本統治初期地圖上所標示的「大加蚋」同一地名用不同漢字表記（前者的K為定冠詞，而後者省略了）。日本占領後到正式劃分行政區域前，幾乎和現在台北市同樣大小的區域被稱為「大加蚋堡」。

事實上台北這地名是在一八七四年牡丹社事件（譯註：清同治十三年，日本因排灣族人殺害琉球人而出兵攻打台灣。）後，為抵禦日本的侵略，清朝計畫於台灣島北部築城防衛並遷移首府時產生的新地名。當時將這個築有城牆的新建城市，稱為台北城。

總統府前「凱蘭格蘭大道」標識

將城郭建在淡水河東側萬華和大稻埕兩大漢人區的正中間，遵循中國傳統採用了南北子午線與東西向道路垂直交叉的棋盤狀格局。然而就在城牆即將興建時，風水師提出修正意見。說：「為了鞏固北方的守勢，中軸線必須對準東北方的七星山」，於是蓋好的東西南北城牆向東傾斜十三度。遺憾的是一八八四年城牆完成十一年後，馬關條約決定將台灣割讓給日本，日軍順利進入台北城，而在一九〇五年的市區重整時拆除了城牆和護城河。

蓋在現台北火車站西南側的台北城，西門僅留下舊城外的西門町地名，而東門、小南門、北門依然安在。東西南北的城牆遺址則分別變成中山路、中華路、愛國路和忠孝路。當年每邊各一公里長，如今看來算小的城市，面積不到現在台北市的百分之一。從日治時代到戰後為止，這塊區域都被稱為城中區，一九九〇年被納入中正區。

建設時風水師指示的十三度傾斜至今仍維持著，使得舊城到處會出現不可思議的Y字路。舊城南半部是總統府、政府辦公大樓、高等法院等建築林立的「博愛特區」，堪稱為台北的「霞關」（譯註：多數日本政府機關集中的東京地名。）。同時也是軍事管制區的緣故，位在其中的名校台北第一女中制服也是讓人聯想到軍服的綠色。「小綠綠」的暱稱固然可愛，但其實原先是白色的制服，為了避免成為敵軍空襲的目標，考慮到迷彩作用而改成容易跟周遭樹木混為一體的深綠色。順帶一提的是楊德昌導演的電影《一一》中，小女孩婷婷就是老愛穿著制服的「小綠綠」。

就這樣台北城從十九世紀末以來成為清朝、日本、中華民國和假想敵中華人民共和國等歷代外來政權之間劍拔弩張的焦點。然而回首從前，包含周邊地帶被稱為「大加蚋」的期間反而更長久，因此有研究學者提議乾脆將整個台北市改名為「凱達格蘭市」或「大加蚋市」。

其實也並非毫無可能。

第六封／

台灣和中國的物語

①——

複雜糾結的台灣歷史

始於大航海時代的台灣史

一九九七年起學校教育正式使用的中學生教科書《認識台灣》在很多方面都具有衝擊性。

首先過去被當成中國史一小部分的台灣歷史，變成單獨一本教科書本身就值得大書特書。

全部共十一章的課本，第一章為序論，第二章為史前時代，第三章便標榜國際競爭期，敘述從中國和日本的海盜、倭寇活動的十六世紀起到荷蘭、西班牙船隻到來的十七世紀發生的故事。也就是說，根據這本教科書，台灣的歷史始於大航海時代。我手邊有作為輔助教材出版的《台灣史小事典》日文版（初版），在全書三百九十頁中的第十三頁上就

《認識台灣》

出現來到台灣附近的葡萄牙水手驚呼「台灣島為『福爾摩沙』（Formosa，美麗島）」的記述。

習慣於中國四千年歷史的人們，看到這本始於大航海時代的台灣史，難免目瞪口呆。然而歷史從定義上就是研究文字紀錄的學問，研究沒有文字的人類社會則屬考古學或人類學等其他學問領域。

台灣原住民族沒有文字，但這並不意味著他們沒有自己的文化。他們也有神話、歌謠、舞蹈、藝術和建築，可是沒有用文字記錄的歷史。那麼在台灣這片土地上，最早有意識留下了文字紀錄的人們是誰呢？答案是荷蘭東印度公司。

看到台南國立文學館作為最早史料，展示荷蘭文業務日誌時，那份驚詫之情至今仍難忘記。旁邊陳列著一整排可聆聽台灣原住民族各族搖籃

台南文學館

曲的耳機。關於沒有文字的原住民族文化，這種展示法可說是精采。可是一一瀏覽牆邊櫃裡展示的文物，緊接在老舊業務日誌陳列的是荷蘭人和原住民族簽締的土地買賣契約、以及翻譯成原住民族語用羅馬拼音表記的聖經。看得出來荷蘭人對比台灣原住民族具有壓倒性的優勢，因為才剛登陸的外國人已輕易能取得土地、擴展新的宗教信仰。

問題是這些資料能稱之為文學作品嗎？不對。故意展出這些一般不能稱為文學作品的史料，卻清楚地表達出該文學館的方針。

從中國史切割出來的台灣史以台灣這片土地為主人翁，基於在台灣書寫但不分語言種類的史料，是要述說故事。其結果一反日本史根據時代政權所在地而區分為奈良時代、平安時代、鎌倉

台灣民主國國旗

時代、室町時代等，台灣史則根據統治者是誰來分為荷據時代、鄭氏王朝、滿清據台、日治時代、中華民國時代。而那些統治者都是從其他地方為了自己利益而來的殖民者。

以前聽到從台灣來日本的留學生說「台灣人以前是荷蘭人，而且有段時期台灣人是日本人」，我當時感覺很不可思議。不過將審視歷史的觀點從中國史固有的中原史觀解脫開來，重新在台灣這片土地上站穩時，思考方式也必須跟著轉換吧。

《認識台灣》出版不久後，當台灣媒體記者朋友們用英文提及自己所屬族群時，從過去的「we Chinese」改口為「we Taiwanese」，我仍清晰記得那個瞬間。

台灣民主國

隨著台灣史的登場，一些過去鮮為人知的歷史軼聞也開始廣為流傳。例如舉著藍底黃虎旗的台灣民主國。

一八九五年甲午戰爭結束後簽締馬關條約，清廷將台灣割讓給日本。戰爭緣起於爭奪朝鮮的歸屬權，戰鬥發生在朝鮮半島到中國東北部，結果卻是遠在南方海上的台灣統治權由清廷轉讓給日本。

對住在台灣島的人們來說簡直是晴天霹靂！地方仕紳為了避免被日本接收，臨時簇擁清廷駐台官僚建立台灣民主國，採行亞洲前所未有的共和制，制定政府組織和國旗，甚至還發行郵票。有人認為那是清廷為了促使歐洲列強出面干涉日本的權宜之計。總之台灣民主國發出了「台灣同胞，誓不服倭，與其事敵，寧願戰死」的台灣民主國宣言。

過去台灣原住民族和來自中國的移民漢人，長期處於敵對關係。漢人之中來自福建省說閩南語的人們和來自廣東省說客家語的人們之間，也經常發生名為械鬥的武力衝突。而且同樣是福建省出身，泉州人和漳州人也是有對立關係，甚至泉州人和泉州人、漳州人和漳州人之間也鬧不和。

在這種情況下被形容是「三年一小反，五年一大亂」的台灣，表達出史上頭一次為了保衛鄉土，全體同胞合力抗侮的決心，那就是台灣民主國宣言。雖然無法掌握正確的波及程度，但原住民族也和漢人一起挺身抗戰則是有照片為證。

他們和從中國北部戰場直接來台的日軍之戰，根據該年干支被稱為乙未戰爭。台灣以傳統武器迎戰擁有近代化裝備的日軍，不含民間人士的死亡人數就多達一萬四千人，比甲午戰爭總計死亡人數的一半還多，可以想見抵抗有多廣泛激烈。日軍死者有九成以上是因瘧疾等疾病，共計將近五千人。經過約五個月的戰鬥，一八九五年十月台灣民主國隨著台南城被攻陷而滅亡。

只存在幾個月的台灣民主國很少被提及，可是考慮到台灣與中國、或是和日本的關係，其意義格外重要。因為要被割讓給日本時，台灣人民的想法是先建立共和國從清廷獨立出來，然後尋求歐美列強的支持跟日本交涉。清廷方面為了避免日本進一步的攻擊，則是擺明和台灣民主國劃清界線。

台灣人民與出賣自己擅自簽約的清廷和日本為敵，過程中逐漸有了「台灣同胞」的意識。清廷原本就是滿族建立的異民族政權，對漢族一向採取壓制政策。之後的台灣人雖然對於故鄉的山河、文化、歷史有感，對於清廷卻毫無愛意與鄉愁可言，反而對於清廷為了己的利益而拋棄台灣心生怨恨。這一點和十幾年後同樣被大日本帝國併吞時，朝鮮人民親眼目睹朝鮮王朝被擊潰的悲劇大不相同，可以說是至今台灣和韓國對日感情有別的理由之一吧。

三個中國

中國歷史上，許多王朝隨著政權的更迭轉換而來。秦與漢、隋與唐、元與清，還有中華民國和中華人民共和國。始於大航海時代的台灣史上登場的中國共有三個，分別是清廷、中華民國和中華人民共和國。

一六六一年明朝遺臣、擁有中日血統的鄭成功將荷蘭人驅逐出台灣。

一六八三年鄭成功孫子鄭克塽投降清廷，之後的兩百餘年台灣西部納入清廷統治。

一八九五年清廷甲午戰爭戰敗，將台灣割讓給日本。

一九一一年孫文率領的辛亥革命推翻清廷，建立中華民國。

一九三七年盧溝橋事件引發中日戰爭。

一九四一年日本對中美英聯軍宣戰加入太平洋戰爭。
一九四五年日本戰敗，中華民國接收台灣。
一九四九年毛澤東率領的共產黨軍打贏中國內戰，成立中華人民共和國。
同年蔣介石率領的國民黨軍敗北，中華民國政府退守台灣。
一九五二年日本和聯合國簽訂的舊金山和約生效，日本和中華民國簽訂中日和約。

太平洋戰爭末期，歷經沖繩島戰役、長崎和廣島遭到原子彈投擲的日本，接受同盟國發表的波茨坦公告，宣布無條件投降。波茨坦公告遵循之前的開羅宣言內容，要求日本將台灣、滿洲等奪自清廷的國土歸還給中華民國。

一九四五年當時，台灣有約五十萬日本人。軍方人士十五萬、民間人士三十多萬。民間人士中有不少是配合國家政策賣掉日本家產，抱著埋骨台灣的決心舉家一起移民過來的。甚至也有在台灣出生的孩子們被稱為「灣生」。戰敗後他們仍希望住在台灣，也曾跟中國來的行政長官交涉過，後來仍基於波茨坦公告奉命回歸日本。被中華民國留用的技術人員和台灣大學教授們也大多在一九四九年之前回國了。留下來的只有跟台灣人結婚的日本女性。從甲午戰爭起長達半世紀的台日關係就此一時斷絕。

戰後的日本和台灣

戰後的日本處於代表同盟軍的美軍占領下，喪失所有的海外殖民地，日本國民也無法自由進出海外。

另一方面，台灣雖然被中華民國接收，卻不像是所期待的「被祖國解放」，反而感覺像是處於全新外來政權的統治下。理由大致可分為二：

第一是長達半世紀日治下，多數台灣人能讀寫聽說日語，卻幾乎完全聽不懂中華民國的國語（北京話）。可是在中華民國統治下，不會說國語就不能從事公職。照理說回歸祖國的台灣人，卻等於再度被推回次等國民的地位。就算擁有共同的祖先，語言障礙而使彼此無法溝通。中華民國方面認為台灣人的狀況是「日本奴隸化教育」的結果，因此禁止報章上、公開場合等使用日語，全力推動語言的轉換，反而更進一步讓台灣人陷入困境。

第二是儘管隔著兩百公里寬的台灣海峽，共產黨仍持續滲透台灣。或說國民黨方面十分害怕此一事態的發展，因此對語言不通的台灣人更加懷疑有無與共產黨接觸。一如前述，渡海來台的國民黨人士（外省人）中特務分子的比例極高。蔣介石的兒子蔣經國就是負責人，指揮著戒嚴令下的白色恐怖。

綜合這些多重因素，台灣人沒有言論自由的時代在戰後持續了四十多年之久。因為和日本往來顯然會引起特務機關的注意，在日本的台灣人只好盡量克制與故鄉家人的聯繫。一九五二年簽訂中日和約後，就連住在日本的台灣人及其子女們也不由分說地被奪去日本國籍，一律變成中華民國籍。從此為了居留日本，每隔一定期間就得到入境管理局申請許可。

我聽過一名嫁給台灣人生育子女的日本婦人說，丈夫去世後，為了恢復子女的日本國籍，得辛苦往返日本法務局和中華民國領事館之間很多次。只因中華民國有徵兵制，她擔心在日本長大的兒子可能會被送往前線。另外也有在日本的身分變為「華僑」以後，台灣人及其日本家屬響應中華人民共和國總理周恩來的呼籲，「回歸」毫無地緣和血緣關係的中國大陸去了。

台灣經過半個世紀的殖民統治，許多人本來在日本國內住有親朋好友，但經過三十八年戒嚴令下斷絕的人際關係也不計其數。我認識的一對台灣姐妹，自從日本出身的祖母過世後就斷了和鹿兒島親戚間的往來。兩姐妹常開玩笑說：「之所以很能喝酒，大概是身上流有薩摩人的血所致吧。」

白色恐怖的受害者不只是台灣本省人，也包含外省人公務員等這一點於楊德昌導演的

《牯嶺街少年殺人事件》中有生動描寫。只不過看在當時的本省人眼中，一切都是戰後日本人回去後，來台的「中國人」搞的鬼。

②——日華與日中

日華親善的時代

二次戰後退守台灣的中華民國，之前在中國大陸打了八年抗戰。可是隨著美國介入國共內戰及韓戰，逐漸邁向冷戰的過程中，也和日本一同歸屬了反共勢力的陣營。

經常說蔣介石基於「以德報怨」精神放棄對日賠償的請求權，讓戰後的日本得以迅速經濟復甦。然而實際上的內情則有些複雜。有過日本留學經驗的他為了跟台灣海峽對岸的共產黨軍對峙，需要日本的協助。由前日軍將校組成的軍事顧問團祕密來台，以白團之偽名進行活動，直到一九六九年為止。

中華民國政府一方面對台灣本省人以「受到日本奴隸化教育」為由加以壓制，卻又在外交、安全保障上仰賴日本。對內、對外政策存在明顯的兩面手法。

日本的右派勢力和蔣介石政權之間的親密關係，日文稱之為「日華親善」。「華」指的是中華民國的「華」。

同一時期，前不久還是日本人的六百萬名台灣本省人，卻面臨同一政權的白色恐怖，然而絕大部分日本人卻沒注意。

原因並非是缺乏資訊。比方說一九五五年獲頒直木獎的邱永漢，當時發表的小說《偷渡者手記》《濁水溪》《香港》等都是以二二八事件和白色恐怖為題材。另外在台灣受到政治迫害而留滯日本的民主派、獨立派人士被日本境管當局強制遣返時，還引發了抗議的市民運動。小說家丸谷才一在一九八二年問世即獲得好評的長篇小說《假聲低唱君之代》，主角正是台灣獨立運動的指導人。

戰後到一九八〇年代為止，日本人透過媒體看到的台灣人，包含蔣介石父子在內，以外省人壓倒性居多。甚至來到日本發展的演藝人員，不管是歐陽菲菲還是鄧麗君也都是擁有國民黨軍人的父親、從小在眷村長大的外省人。當時的日本似乎理所當然地稱呼他（她）們為「中國人」。

同時日本人對於位在中國大陸、和日本沒有邦交的中華人民共和國，則稱之為「中共」。那本來算是「中國共產黨」的簡稱，因為日本不承認中華人民共和國為正式國家，而是單純當成一種政治勢力對待的。感覺上「中共」一詞和戰前常用的「支那」有異曲同工之妙（離開語源本意，凡是不承認存在於中國的政權就稱之為「支那」）。

中華民國和中華人民共和國都認定只有一個中國，且堅持自己的立場才能代表整體中國。因此想要和中國建立任何關係的人，必須得選定一方靠攏，並與另一方保持相當距離。至於怎麼選就看政治立場決定：右派選擇國民黨的中華民國、左派支持共產黨的中華人民共和國。

問題在於成了中華民國的台灣裡，除了當權的國民黨外，還有遭到獨裁鎮壓的台灣本省人，但日本方面似乎從未把政權和人民分別看待過。再說，在戰後日本社會占了主流地位的左派知識分子一面倒地選擇支持了共產黨的結果，關於台灣和中華民國透過日語的理性思索長期空洞化，導致殖民地時代的歧視觀念依然殘存。

轉為日中友好

「日華親善」為主的時代，另一個中國——中華人民共和國採取半鎖國政策。因此相對於前蘇聯的「鐵幕」，在「竹幕」裡的大陸被媒體描寫成「飛不進半隻蒼蠅」的巨大理想國或反烏托邦，實際情況則長達二十年不為人知。

一九七一年，中華人民共和國派出代表團參加名古屋舉辦的世界桌球大賽，正式展開「乒乓外交」。以此為契機，美國、日本等國家相繼承認共產黨政權。聯合國代表權也從原來的中華民國手中轉移給中華人民共和國。就在迅雷不及掩耳的情況下，中華民國被聯合國和國際社會給流放孤立了。

田中角榮首相時代，中日恢復邦交的那一刻起，之前和台灣簽訂的中日和約便宣告失效。一如翻書般，日本開始用「中國」稱呼中華人民共和國，用「日中友好」形容和中國間的交流。

當時日本的知識階層還對共產主義抱有夢幻般的憧憬，或許有些影響也說不定，總之連出現在電視畫面上的毛澤東、周恩來等中國要人都給人以氣宇軒昂，還具備成熟風格魅力的印象。「日中友好」成為一種風潮，人們大排長龍只為一睹首批送到上野動物園的大貓熊蘭蘭與康康。

日本方面幾乎完全沒感受到，台灣發生最激烈的反日運動不是戰爭結束時，而是一九七二年斷交當下。原本還對日本抱著期待的台灣本省人和原本就反日的外省人，都有被日本出賣的感覺，大家爭先恐後走進戲院觀賞《八百壯士》（一九七五年）《梅花》（一九七六年）等抗日戰爭電影。後者的主題歌在幾十年後仍為每個台灣人都耳熟能詳的暢銷金曲。前者的標題在四十多年後，蔡英文的第二次民進黨政權推動改革，要把原本對外省軍公教有利的年金制度改變時，成為實際走上街頭表達反對抗爭的老人團體的名稱。

來自台灣新電影的「新發現」

喜歡電影的人應該知道一九八〇年代到九〇年代，華語圈各地優秀的新人導演輩出。像是中國的陳凱歌、張藝謀，香港的許鞍華、王家衛，台灣的侯孝賢、楊德昌、李安等人。

台灣將這些戒嚴令時代末期八名新人導演拍攝的約六十部作品稱之為「新電影」。主要是戰後出生的外省人第二代、有留美經驗的一批人所製作的非主流藝術電影。可以說他們的成就讓過去只有在服飾等輕工業產品上的「made in Taiwan」商標也出現在藝術作品上。侯孝賢、楊德昌等人贏得許多國際影展殊榮，受到世人矚目。

一九七〇年代一度遭到國際社會流放的中華民國，經過十年重新以「台灣」之名登場。就像是因為太平洋戰爭而形象大壞的日本，隨著一九五一年黑澤明導演的《羅生門》

揭開台灣新電影序幕的四段集錦電影《光陰的故事》DVD（發行：Happinet）

獲得威尼斯影展金獅獎，跨出了回歸國際社會的第一步，重新登場帶來的驚喜還歷歷在目。

長年以來遊走在與國民黨政權「日華親善」、與共產黨政權「中日友好」的日本人，戰後經過四十年後再度發現到「台灣」是片有真人生活的土地，完全是拜侯孝賢、楊德昌的電影所賜。

因為殘存在台灣的日本房屋等鏡頭出現在他們的作品中，刺激了不少日本人發出思古幽情的鄉愁。但一如第四章所述，戰後台灣住進那些日本房屋的大部分是外省人。對於來自中國的他們而言，住在榻榻米地板的木造房屋反而是情何以堪的遭遇。就像前面引用楊德昌代表作中男主角母親說的那句台詞。

然而經過四十年的空白期，整體日本人對於

台灣的認知度低得可憐。也幾乎無法理解那些從小在日本房屋長大的新電影導演們，其實是戰後來自中國的教師、公務員的第二代（順帶一提，知名度僅次於他們的蔡明亮導演則是出生於婆羅洲島的馬來西亞華僑）。

李登輝——關鍵人物

一九七五年，長年喊著「反攻大陸」卻無法實現的蔣介石過世，由他的兒子蔣經國繼位。他身為特務組織頭子、白色恐怖操盤者被人害怕，卻在死前一年解除戒嚴令，並拔擢台灣本省人李登輝為副總統。隨著他的死去開啟了李成為首位本省人總統的康莊大道。

關於台灣的日本人著作，戰後最具影響力的要算是司馬遼太郎的《台灣紀行》吧。那是集結自一九九三年起到翌年連載於《週刊朝日》的台灣遊記。李登輝總統出現在第一篇和最後一篇，他和司馬用日語談論台灣未來的動向。其中李登輝不僅將國民黨定位成和前大日本帝國一樣的外來政權，甚至借用聖經《出埃及記》暗示要將台灣從中華民國「出走」。

中日恢復邦交後，日本各大媒體紛紛將原本設在台北的分局遷往北京，台灣仍有常駐記者的只剩右派立場十分明確的《產經新聞》。說到《朝日新聞》，給人印象就是一般媒體中最偏左翼的報社。結果旗下的《週刊朝日》居然大肆報導台灣的李登輝，同一時期日報頭版上也每天有詩人大岡信執筆的熱門專欄「四季頌歌」介紹台灣人所寫的短歌（譯註：和歌的一種形式，以五七五七七的音節組成的歌體。）集《台灣萬葉集》，帶給讀者們莫大的衝擊。

台灣歌壇主編孤蓬萬里寫的短歌如下：

「身居日文已滅絕之國，仍寫短歌猶存幾個。」

將作品投稿至《台灣萬葉集》的歌人們幾乎跟李登輝一樣，處於中日戰爭下的皇民化時代，度過多愁善感的青春歲月。結果人生一路走來除了讀寫聽說，連感情生活也是用日語傳達。他們的作品中混雜了對日本的懷念與各種怨恨，又融合了南國專有的開朗豁達，醞釀出獨特的風情。

就讀京都大學期間以岩里政男之名應召出征的李登輝總統，和司馬的對談中也提到「自己二十二歲以前是日本人」。由於他喜歡和日本人說日語，政商媒體等各方面的日本人日後經由會面而成為李登輝的粉絲，二〇〇二年還在日本組織「李登輝之友會」，積極從事政治宣傳活動。

一如他跟司馬對談時的發言明確表示，李登輝對從前的國民黨政權抱持批判的態度，在職期間也曾代表國民黨向二二八事件的受害者及其家屬們道歉。卸任之際發表「和平轉移政權的理想」，之後與國民黨分道揚鑣。

另一方面，之前和國民黨政權搞「日華親善」的日方勢力，只因和李登輝這號人物握過手，既沒有正式跟國民黨訣別，又順便變更了政治立場。同為民進黨籍、台灣本省人的中華民國總統陳水扁、蔡英文，自民黨政權也都拿他們當朋友對待。蔡英文就任前造訪過安倍晉三總理的故鄉山口縣，由安倍的弟弟出面接待，後來也跟總理見了面，恐怕跟當初將她從學術界象牙塔徵召進入政壇的正是李登輝前總統大有關係吧。

③——「天然獨」VS.「網軍」

從國民黨獨裁到政權交替

戰後台灣的政治地圖經過國民黨獨裁四十年，一九八六年反對國民黨的「黨外」活動家集結，在野黨正式誕生為民主進步黨。民進黨原本就是以台灣本省人為主，目標是台灣共和國的獨立。然而一九八九年成為合法政黨開始與國民黨大打選戰後，便基於「台灣現狀已然獨立」的決議，對中關係採取維持現狀的基本政策。

國民黨的李登輝時代從一九八八年到二〇〇〇年共持續十二年，期間台灣社會的風潮可說由強權獨裁一百八十度轉換成自由民主。九〇年代的台灣，經濟泡沫化與政治民主化重疊，每到選舉各政黨旗幟就滿街頭招搖，充滿嘉年華會般的熱鬧活力。

當時在日本自稱是李登輝友人的在日台灣獨立派成員們，開始進軍右派的政論雜誌和電視政論節目。然而表面上不置可否，內心始終是獨立派的李登輝登上中華民國總統寶座的事實，已諭示著「台灣從中華民國獨立」的意義實質消滅。

二〇〇〇年的總統選舉中，民進黨的陳水扁打下了國民黨候選人，實現了首度的政權轉移。長年被國民黨政府列入黑名單、無法進入台灣的在外獨立派不僅紛紛回台，還成為陳水扁政權的國策顧問。

曾經是台灣政治宿疾的外來政權之殖民統治，經由民主化的完成，此時終於走到盡頭。

但同一時間裡對岸的中華人民共和國也因改革開放政策的成功，逐漸變為僅次於美國的超級強權。而且在一九九七年香港回歸後，下一步要奪回國民黨失掉的台灣，從此為明顯的政治目標。

民進黨是左翼還是右翼？

民進黨旗以綠色為底畫上白色十字，正中央浮現一個狀似番薯的台灣島，以台灣為中心的本土意識相當明確。一如當初受到德國綠黨影響的綠色，社會民主主義的傾向鮮明，

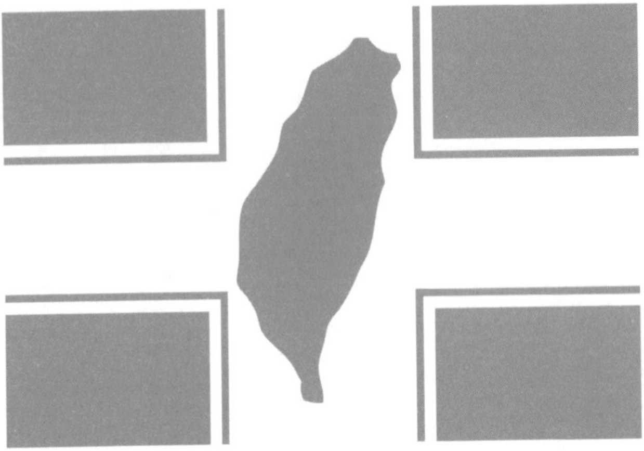

民進黨旗

反核、支持同婚等，走明確自由主義路線。儘管如此，在台灣特有的歷史環境中，民進黨一向被視為是右翼政黨，所以歷代自民黨政權中最右翼的安倍政權才會對民進黨展現親密態度。

在二十世紀的「中國」，共產黨和國民黨是敵對關係。以意識型態來說，共產黨為左、國民黨為右。在台灣和國民黨對峙的勢力，如果站在左側會視為共產黨的地下組織，白色恐怖時代難免有失去生命的危險，結果只好偏向比國民黨更右側的位置。

堪稱台灣民主化運動的先驅者，一九六〇年代起以在野省議員、立法委員等身分活動的郭國基（一九〇〇—一九七〇年），其招牌動作是在競選宣傳車前裝上大炮模型、擴大音量不間斷播放〈軍艦進行曲〉。基於太平洋戰爭中大日本帝國海軍使用為進行曲的反動，樂聲聽在戰後日本人耳裡只覺得滑稽可笑，因此該軍歌被柏青哥業者選為主題曲。這首歌也出現在小津安二郎導演的遺作《秋刀魚之味》（一九六二年）中，作為只能對自己青春時代有著否定性懷舊之世代的悲哀象徵。

透過選舉宣傳車播放這種音樂，對打過抗日戰爭的國民黨外省人而言是最難忍受的挑釁。然而郭國基就算遭到警察警告，也堅持「因為這首歌曲最能讓我有幹勁」而不肯停歇。

複雜的是郭國基在日治時代並非順從的殖民地兵，甚至留學日本期間不僅加入首度由台灣人集結成立的政黨台灣民眾黨，還祕密成為中國國民黨黨員。回台後因企圖對日本統治謀反遭到特務警察逮捕，二審判刑十年入獄，直到戰爭結束才被釋放。逮捕他的高雄州特務課長戰後被報復殺死。之後郭國基因二二八事件被國民黨逮捕，服刑七個月後出獄，出獄後正式與國民黨一刀兩斷。

另外擔任過民進黨第二屆、第三屆黨主席的黃信介（一九二八—一九九九年）本名黃金龍，據說第一次參加市議員選舉時，仿效安倍總理外祖父岸信介改名為信介。

就算郭國基和黃信介屬於極端案例，在國際共產主義運動還健在的二十世紀中葉，這種希望台灣由台灣人統治的心情常被視為右翼的民族主義。

進入二十一世紀後開始起了變化。經濟上逐漸抬頭的中國，政權雖然仍由共產黨掌握，政策卻開始了名為社會主義市場經濟的國家資本主義路線。也就是說因為中國的經濟政策往右偏移，讓民進黨在左側有了置身空間。

二十一世紀的台灣和中國

蔣經國晚年解除戒嚴令，開放外省老兵返鄉探親後，中華人民共和國的改革開放、社會主義市場經濟路線，受到不少來自香港和台灣的資金挹注。由於當時台灣經濟富足，中國還是開發中國家，因此相隔數十年的返鄉探親肯定都是雙手提著抱著土產禮物，大方分送給親朋好友。鄧麗君等台灣流行歌曲和民歌也瞬間在中國年輕人之間竄紅，三毛、瓊瑤等女作家的愛情小說成為憧憬的對象而暢銷大賣。

世紀更迭之際，長期滯留在中國的台灣人增至一百萬人，據說他們能否返台投票足以改變選舉的結果，因此還得確保包機接送。這些「台灣商人」被簡稱為「台商」，起初將工廠設在人事費用比台灣便宜的中國，再將產品直接銷往海外以求得更多的收益，所以內心自然希望隔著台灣海峽的兩岸關係能夠平穩。比起強烈追求獨立、和共產黨一向不合的民進黨，長期以來偏向統一的國民黨在「台商」們看來會更好些。

台灣民主化後，民進黨的存在感益增，使得國民黨越來越往共產黨靠攏。二〇〇八年起擔任總統長達八年的馬英九就是最好的例子。他雖然從懂事以前起就在台灣長大，但直到成為政治家後最終的政治目標仍堅持統一中國。共產黨方面毋庸置疑也始終貫徹著統一的主張。過去為了統一的框架是要以孫文的三民主義（以之為名的資本主義）還是以共產主義為目標而彼此對立，如今強調意識型態的時代已然不再。如此一來雙方又恢復成一九四九年以前如同兄弟吵架般、時而合作時而對立的夥伴關係。

本來共產黨就善用名為「統戰」（統一戰線）的手法拉攏海外人士。國民黨的菁英們這時透過和中國的交流享有了個人利益，當然也不願讓政治上的關係趨於惡化。類似過去國民黨和日本自民黨之間不能浮出水面的勾結關係，也出現在國民黨和中國共產黨之間。

不久之前，經濟富足的台灣人兩手捧著禮物、將資金挹注給中國的關係，轉眼之間竟傳出中國富裕階層搶購台灣豪宅華廈後哄抬價格的謠言。

考慮到中國人口是台灣的六十倍，面積有兩百七十倍，或許出現這種翻轉情形也不足為奇吧。一九九〇年中國的國內生產總值（ＧＤＰ）還只是台灣的兩倍，二〇一八年拉大差距為二十倍，經濟力的差異也如實反映在雙方的角力關係上。

來自「網軍」的攻擊

戰後經過半個世紀，台灣為了應對和中國的軍事衝突，一直持續為期兩年的徵兵制度。但從二〇〇〇年以後，當兵時間逐漸縮減。尤其是在馬英九總統時代，中國觀光客大舉來台、兩岸往來日益頻繁後，便以軍事衝突可能性降低之由決定階段性廢除徵兵制。

實際上，台灣一直以來都有虛擬來自中國的飛彈攻擊，實施全島規模的避難演習，但是事到如今不禁產生「屆時中國觀光客要引導去哪裡避難」的不合理疑問。

現實的威脅以產業界為中心，讓全體台灣社會逐漸無法忽視巨大的中國。而且主要戰場已從台灣海峽轉往網路世界、恫嚇武器從飛彈變成ＳＮＳ。

李登輝前總統的盟友、過去曾公然高唱台灣獨立的台南奇美實業創始人許文龍，二〇〇五年發表退休聲明時宣布「不支持台灣獨立」，相信是不要在中國展開的龐大商機受到不好影響所致。

到了二〇〇八年，於中國各地開設「旺旺」煎餅工廠、成為台灣屈指可數富豪的企業家蔡衍明收購了台灣大報《中國時報》。後來蔡不斷發表天安門屠殺屬非事實等親中言論，引發拒買該報運動，但其他的電視台、雜誌社也仍繼續被他納入旗下。令人吃驚的是自由經濟、民主政治的台灣對於中國的干涉和介入居然毫無招架之力。

另外，台灣的藝人一旦觸碰政治敏感話題，便會遭到網路上集中攻擊的情況也時有聽聞。

二〇一六年，韓國偶像團體TWICE成員之一的周子瑜只因在電視節目中揮舞中華民國國旗，網路上立刻遭到猛烈批判。一旦被貼上「台獨派」標籤，在中國的廣告合約馬上被終止、所屬團體的演唱會也被迫取消。直到被逼得走投無路的經紀公司將本人親口道歉的影片在網路上播出並宣稱「我是中國人」，整件鬧劇才走向終局。

接著台灣知名演員戴立忍發表即將主演中國知名女星趙薇執導的作品後，中國網路上開始流傳他兩年前太陽花學運時聲援學生們的影片，還恐嚇將杯葛該電影的上映。戴立忍自己也有當導演的經驗，不忍看到自己的言行讓中國的電影人陷入困境，只好在網路上發表自我批判的長文，最後原定的男主角也遭到更換。

儘管這些演藝人員並沒有積極參與台灣獨立運動，但因能起殺雞儆猴的作用，還是強被打壓。

之所以網路上對他們的指責急速擴大，是因為網路世界存在著配合中國喜好大量重複投稿的「網軍」。

既然中國是巨大市場，包含藝人的多數人和中國有業務往來也很正常。但是在台灣算是很平常的發言或行動也可能成為被批評的目標，那就不得了。近來台灣、香港演藝圈的頒獎典禮上經常會出現令人尷尬的沉默場面，看來言論自由已開始受到損害。

另一方面，如果用糖和鞭子進行比喻，中國也準備了不少的糖。例如，台灣大學校長選舉中，暴露出了許多大學教員沒經申請就到中國大學當客座；針對年輕學子祭出升學、就業等各方面的特殊優惠更是層出不窮。

「台灣獨立」的現在

台灣邁向獨立建國的行動，可追溯至台灣民主國發表脫離清廷獨立的宣言時。之後在日本統治下沒有擴大形成風潮，而是在二次戰後甫被中華民國接收，試圖對國際社會訴求台灣獨立的人們，為躲避國民黨政府的彈壓而前往日本、美國展開長期的活動。

二〇〇〇年起的八年裡擔任總統的民進黨陳水扁是律師出身，嘗試過許多讓台灣被認定為獨立國家的法律途徑，如實施全民公投、以台灣名義申請加入聯合國等。卻因貪汙等罪行失去民眾的支持，無法達成目的。

一如對當時民進黨統治的反動，二〇〇八年國民黨的馬英九一當上總統就開放和中華人民共和國的「三通」。他在職期間對共產黨讓步的態度日趨明顯，引發了不滿學生占據立法院的太陽花學運。

馬英九在任期即將結束的二〇一五年底，緊急前往新加坡和中華人民共和國國家主席習近平舉行會談。上一次國共兩黨領導人會面是在六十六年前，儘管這一次宣稱是世紀會談卻沒有發表歷史性的共同聲明。會談後台灣方面有馬英九本人參加記者會，中國方面只有隨行官僚等出來說話，顯然受到不對等待遇。馬英九的期待落空，國民黨與共產黨的角力中敗北等結果，外人都看得很清楚。

之後擔任總統的民進黨蔡英文說「台灣年輕人是『天然獨』」，強調要走維持現狀的路線。根據民進黨的見解：「台灣是獨立政體，並不屬於中華人民共和國，國名叫中華民國」。為了不給中國攻打台灣的藉口，國名、國歌和國旗都不會變更。因此中華民國國歌至今仍是「三民主義吾黨所宗」的國民黨黨歌。

現在若談台灣獨立就得把目標定為脫離中華人民共和國。但是不同於英國的蘇格蘭、西班牙的巴斯克地區或是中國的西藏、新疆維吾爾族自治區等地，台灣從過去到現在從未被中華人民共和國直接統治過。

但是從中國共產黨的立場來看不免擔心：萬一台灣以任何形式獨立建國並被國際社會接納，西藏和新疆維吾爾族自治區等會起而效尤，恐將導致中華人民共和國的崩盤。因此中國也試圖拉攏「同為中國人」的國民黨，好拉住台灣不要輕舉妄動。

台灣進行的兩岸關係輿論調查中，經常票數最多的是「維持現狀」，多於支持獨立或支持統一。他們選擇的是「目前擁有的和平生活」。但如果進一步探討「現狀」所指的內容，多少得承認中國的影響力日趨增強。

中華台北與台灣

二〇一八年十一月和地方公職選舉同時進行的全民公投中，被問到「是否贊成以台灣名義參加東京奧運」，結果是反對票多於贊成票。看來投票日前不久，運動員們開記者會訴求「希望避免無法出賽東京奧運的風險」左右了投票結果。

獨立二字不敢輕易說出口，又擔心不知何時會被迫說「兩岸一家親」表示支持統一，就連堂堂以台灣之名參加國際賽事的希望也無法實現，顯然現狀已越來越艱困。

關於台灣的國際名稱，自從聯合國代表權轉為中華人民共和國的一九七〇年代起便爭議不斷，八〇年代開始便以「中華台北」名義參加奧運等國際賽事和一部分的國際組織。又因為禁止使用中華民國國旗和國歌，奧運上用的是五輪搭配梅花設計的旗幟。

「中華台北」是和中華人民共和國之間妥協後的結果，並非台灣人民自願提出的名稱。

「台灣」此一名稱有著超越單純地名的重量與深度。

國民黨政權的戒嚴令時代，「台灣」這個地名因帶有獨立的政治色彩遭到禁用。前面介紹的孤蓬萬里和台灣歌壇，其實一開始被迫用台北歌壇的名稱，後來變更為台灣歌壇的動作，在網路上以「正名」形容之。

在陳水扁的第一次民進黨政權下，台灣政府的郵政事業由中華郵政改名為台灣郵政，可是接下來馬英九執政後又改為原來的中華郵政。

對於如今已廣為流通的台語稱呼也有人抱持「台灣還有客家語、原住民語等其他語言，只因是多數派語言就獨占台語之名不好」的否定立場。實際上也在馬英九政權時代，學校母語教育時用的名稱曾一度正式改叫成閩南語，因為原本是中國福建省南部的方言。

諸如此類，這樣的「台灣」並非單純的地名。

台語研究第一把交椅，以研究台語第一位獲得東京大學博士學位的王育德，因為二二八事件遭到國民黨政府通緝，經由香港逃往日本發行《台灣青年》刊物，成為在外獨立運動的理論支柱。由於上了黑名單無法回歸故鄉，而在明治大學教書維生，最後客死東京。

死後三十三年的二〇一八年，他的故鄉台南市政府設立王育德紀念館，展示了從東京住處搬回來的家具、藏書、衣服、書信等多數資料。家屬也列席紀念館開幕儀式，從日本飛來的女兒和孫女用著亡父、亡外祖父心愛的台語致詞，讓人印象深刻。

學術論文以外，王博士最廣為人知的著作是《台灣——苦悶的歷史》。於日本一九六四年出版的著作，以中文被原本的讀者台灣人民讀到是在戒嚴令解除後的一九九九年，距離該書發行上市已是三十五年後。更在十九年後，故鄉當局為他開設了紀念館。

生前無法實現的回歸故土，死後的三十三年終於才全面性達成，王育德在故鄉台南的官民見證下，生前活動正式受到彰顯與表揚。台灣人民基於台灣觀點改寫歷史、一一恢復應該被恢復的名譽等作業，至今仍方興未艾持續進行中。

第七封／

電影和旅行的物語

①

西海岸之旅

《練習曲》與「環島」熱潮

騎著自行車、機車或搭火車繞台灣一周的「環島」旅行目前正流行。據說帶動流行的契機是二〇〇七年上映的電影《練習曲》（陳懷恩導演）。陳導演長年擔任《悲情城市》等侯孝賢作品的攝影師，這是他首度嘗試的長篇劇情片。而且上映當時，台灣電影界正處於不景氣的谷底。加上《練習曲》講的是一名有聽覺障礙的大學生騎自行車繞台灣一周，劇情沒有太大起伏。不料電影一推出就口耳相傳大獲好評，成為當年度台片的賣座冠軍。劇中男主角口中「有些事現在不做，一輩子都不會做了」的台詞變成流行語，許多年輕人利用暑假騎上自行車，進行繞台灣一周的環島旅行。

《練習曲》帶動了「環島」風潮。可是在電影裡並沒有出現很多沿海城鎮畫面，男主

《練習曲》的宣傳劇照

角明相住的高雄只在結尾稍微一瞥，西海岸的大都市如台北、台中和台南則是全沒有上鏡頭。取而代之的是東海岸水平線一望無際的太平洋景色一而再、再而三地出現。「環島」對大多數台灣人而言是發現東海岸、重新掌握台灣整體印象的人生大事。

台灣雖然是海島，住民卻給人跟海洋不太熟的印象。邱永漢認為是受到祖先們渡過「黑水溝」時留下的可怕記憶所致。加上戒嚴令下海岸受到警戒敵人上岸的軍隊管制，二十四小時都有手持武器的士兵看守著。一般人不能游泳不准拍照，解嚴後，人們的習慣也沒有迅速變化。

尤其東海岸有許多緊靠著高山和太平洋的斷崖絕壁，不是可以輕易造訪的地方。南北沿著海岸而建的馬路鋪設始於清末，日治時代完全貫通，但鋪上柏油、擴展成單線雙車道、汽車可雙向通行的道路完成則是在一九九〇年左右。可搭乘火車環島一周，在恆春半島北方，從西側台灣海峽通往東側太平洋的南迴線於一九九一年開通。後來也幾度因為颱風帶來的土石流而被迫停駛，預定二〇二〇年能做到全線電氣化。總而言之，可以輕鬆環島一周的環境是最近幾年才完成的。

戒嚴令下，在台灣被當成是中國一小部分的時代，浮現在人們腦海裡的台灣是位於巨大中國大陸右下方海面上的蕞爾小島。拉近距離才能看清隔著台灣海峽的兩岸（中文一提到「兩岸」，指的是「中國和台灣」）。以平常的感覺來說，對台北人而言生活圈就是台北；對中南部和東部的人來說，台北跟自己居住的地方才是能夠具體想像的範圍吧。

民主化後經過頗長一段時間，以台灣島規模掌握整體地理的空間感才逐漸普及。《練習曲》也加速了此一過程。人們熱衷「環島」的想望，催生了環繞台灣的自行車道，也教鐵路公司引進了可承載腳踏車的火車廂。各地警察局為「鐵馬騎士」的單車族設置服務站。並為害怕單獨上路的人們，旅行社計畫了全長約一千公里、需時一兩週的單車團騎活動。

《練習曲》的五年後，十七名平均年齡八十一歲的高齡者，在年輕義工協助下，花了

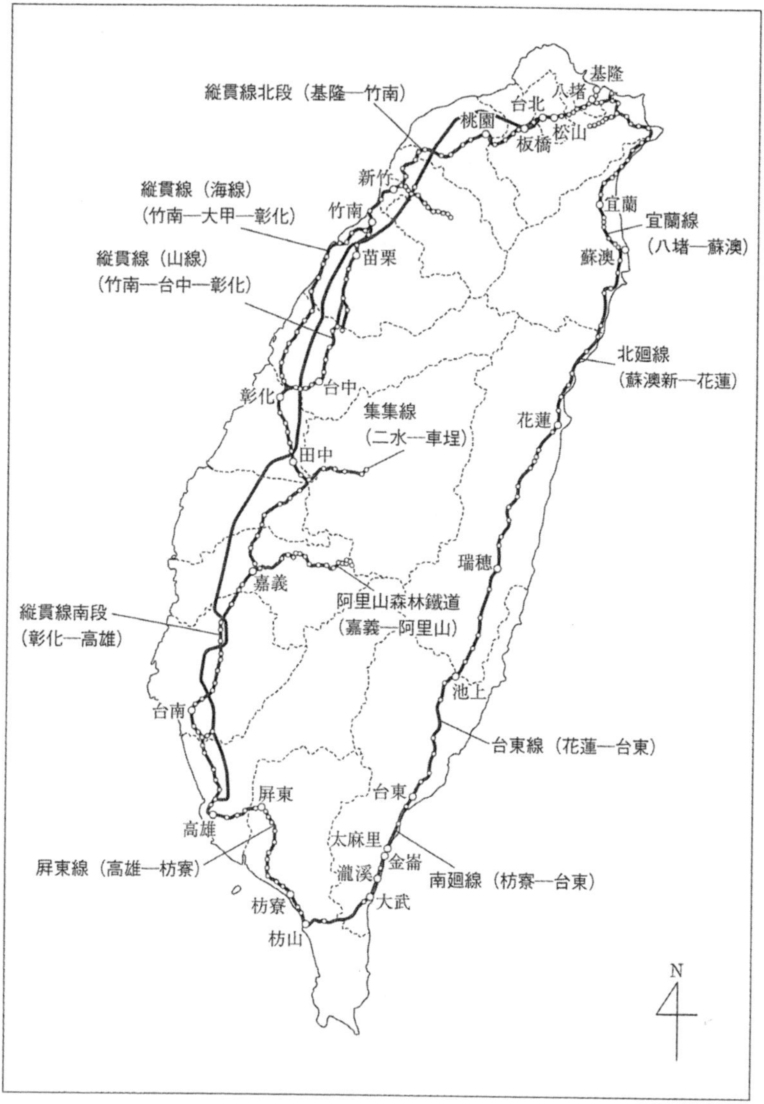
基隆
八堵
台北
松山
板橋
桃園
縱貫線北段（基隆—竹南）
新竹
縱貫線（海線）
（竹南—大甲—彰化）
竹南
苗栗
縱貫線（山線）
（竹南—台中—彰化）
宜蘭
宜蘭線
（八堵—蘇澳）
蘇澳
北迴線
（蘇澳新—花蓮）
台中
彰化
集集線
（二水—車埕）
花蓮
田中
瑞穗
嘉義
阿里山森林鐵道
（嘉義—阿里山）
縱貫線南段
（彰化—高雄）
池上
台南
台東線（花蓮—台東）
屏東
台東
高雄
太麻里
金崙
屏東線（高雄—枋寮）
瀧溪
南迴線（枋寮—台東）
大武
枋寮
枋山
N

台灣鐵道圖(台鐵與高鐵)

十三天騎機車完成「環島」之舉的《不老騎士》（華天灝導演）上映，刷新了紀錄片的票房。電影中出現中日戰爭時相互為敵的台灣本省人和外省人退伍老兵，約七十多年後彼此抱對方肩膀的畫面。彷彿透過「環島」的行為，具體呈現出台灣人意識。

另外，二〇一二年的電影《陣頭》（馮凱導演）描繪地方廟會之際，以打鼓和戴面具跳舞炒熱氣氛的「陣頭」成員，一邊「環島」一邊鍛鍊技藝的過程，也是口耳相傳大獲好評。

要想完整感受台灣這個海島，「環島」是最佳選擇。看完幾部電影後，讓我有此堅信。遺憾的是我對自己的體力缺乏信心，因此決定搭台鐵火車走一遭。所幸鐵道幾乎都是沿著海岸線繞行台灣一周。打算隨時隨地下車遊走探索最新的台灣印象——抱著這樣的念頭，二〇一八年八月我踏上了「環島」之旅。

開始旅行——從台北出發

「環島」起點的台北車站是台鐵、號稱台灣新幹線的高鐵和兩條捷運路線交織的巨大車站。一天的平均乘客數約五十萬人次。旁邊也有台北開往其他地方城鎮的長途巴士轉運

台北車站內

站。

來到這裡的並非只有旅客。六層樓高的車站大樓，二樓是年輕人充斥的各國料理美食街，地下三樓有往東南西北各延伸約一個車站大小的地下街。雖然比南部好些，但因台北仍處於炎熱的亞熱帶，所以冷氣開放的地下街大受歡迎。售票櫃台所在的一樓大廳，挑高設計的中央部分是類似廣場的空間。平日傍晚會有下課的國中高中生、週末則是休假的外籍勞工們聚集在此。各自坐在喜歡的角落談天說笑，也不會有人趕他們走。

如果只是搭火車繞行台灣一周，如今已非難事。只要搭上早上六點二十分從台北車站出發列車編號一號的莒光號特快車逆時針方向繞行台灣一周，晚上七點五十二分就能回到台北。要想順時針方向旅行的話，則可搭乘列車編號二號，早上八點十一分從台北出發、晚上九點四十分回來的班車。

但如果想要看看台灣各地的城鎮、品嘗當地小吃，還是得攤開地圖和旅遊書，一邊敲打電腦鍵盤，仔細盤算自己想做什麼、去哪裡。畢竟對於旅行愛好者而言，計畫的過程最快樂。

就這樣，「環島」的第一天從台北搭上自強號特快車，經由西部幹線南下到台中。車票事先在日本透過網路預約與線上付費，之後在售票機鍵入密碼就能取得印有列車號碼和座位號碼的車票。

台鐵台北車站的驗票口在地下一樓，發車月台在地下二樓。買了知名的鐵路便當和現榨芒果汁通過驗票口，列車於中午十二點整發車。經過以米粉有名的新竹，途中從竹南站分為山線和海線，自強號經由山線到台中的車程約兩個小時。

台北當然不用說，包含今晚要住的台中、之後要去的台南，高鐵都有經過，但除了台北以外都遠離房屋林立的市街鬧區。這一點搭台鐵的好處是車資便宜（到台中距離約一百六十公里，包含指定座位的車資折合日幣大約一千三百五十元），又能抵達市中心。最讓人高興的是台灣每個城鎮都有站前商店街，就算有店家關門了也一定會再開別的店家。台

台中舊火車站

灣歷來以開店門檻較低聞名，遊客能一邊散步在繁華大街上，一邊享用當地的名產美食，不亦樂乎。

最受歡迎的城市——台中

搭乘自強號的感覺很舒適。冷氣大作卻又不至於太寒涼。一如日本的新幹線，車廂前端上頭有電子顯示看板，隨時播放注意事項，像是「咳嗽時請用紙巾或袖口掩住口鼻」等。車內廣播比日本少，乘客們也很安靜。車內有賣飲料食物，不久之後還有人拿著大垃圾袋來回巡視。

新穎摩登的台中車站替換掉原本厚實美麗歐風建築的舊站（一九一七年竣工），還好舊站也被完整保留下來。

台中是近年來受到台灣人關注度極高的熱門都市。人口約三百萬，排名台灣第二大。從北部的台北、南部的台南和高雄過來的距離都很剛好，據說氣候也比較適宜人居，因此也成為新增外來人口最多的城市。

眾所周知，日治時代一九一五年第一所為台灣人子弟而設的中學——台中中學就是當地熱心人士出資捐地的。由於當時其他中學都是讓日本人優先入學，台灣人可學習的科目也有所限制，因此十分渴望能有台灣人為台灣子弟設立的教育設施。得以入學者每學年限定兩個班級共一百名，來自台灣各地的菁英都聚集於此。台中中學不僅是教育所在之地，也是民族榮耀的象徵，至今在該校網頁上仍傳承著上述精神。

有過如此的歷史經緯，果然台中也是充滿文化氣息的都市。

繼國立自然科學博物館、國立台灣美術館後，二〇一五年日本建築家伊東豐雄設計的國家歌劇院正式落成。完全由白色曲面結構形成、造型特殊的歌劇院內有大中小劇場。這一天大劇場上演來自韓國的歌舞劇，因為風評很高，大批韓流粉絲專程搭高鐵前來觀賞。很棒的特色之一是除了舉行公演的大劇場外，其他地方都免費開放讓市民參觀。一樓大廳有許多帶著小孩的家長們看似散步之餘，順便參加音樂盒工作坊的活動。

台中市內也有利用幾棟日本老屋改造成的台中文學館，介紹當地出身的作家和以台中

宮原眼科的書櫃

為據點的出版社，有以台中一中畢業生為主推廣台語文學的傳統。市內有許多質感不錯的書店和咖啡廳，是我之前透過媒體知道的，想來有此背景薰陶下也是理所當然。

另外讓我覺得有趣的是，台中有許多掛著「長崎蛋糕」招牌的蜂蜜蛋糕專賣店。還有當地創始的台灣酥派、裡面包有麥芽糖的「太陽餅」，樸實的滋味叫人百吃不厭。甚至還有台中特有的三明治，不知道該說是英式口味還是日式口味，只見鬆軟的薄吐司夾著味道清淡的培根或雞蛋沙拉而成的三明治，外面裹上依不同種類用不同顏色的美麗包裝紙。

不過說到近年來台中最具話題性的景點，毋庸置疑就是將日治時代眼科醫院改造成精美絕倫甜點店的「宮原眼科」。建築內部超乎和風也超乎西風，有人說是哈利波特風。靠牆直達天花板、得仰著頭看的玻璃門窗書櫃，感覺很像是銀座資生堂西餐廳一樓的奢華誇大版。

身上制服四季變換的店員們所賣的是種類多到難以置信的冰淇淋，上面放了月餅等相當前衛性的甜點。尤其光是巧克力冰淇淋就有可可含量從百分之百到百分之四十三共十六種。紅綠茶口味的冰淇淋有十三種、水果口味二十種、優格口味九種、咖啡口味六種、其他原創口味八種等。鬆餅也有三十五種。附近另有同一集團經營、利用舊合作金庫改建的甜點店，在那裡點了店家推薦的芒果冰，分量多到要三個人才吃得完。要價約日幣兩千元不算便宜，感覺和凡事都偏向輕小細微的日本不同，而偏向量大豪華的傾向。

台中市內正在興建前所未有的市內捷運，或許為了緩和道路壅塞，目前有使用類似日本西瓜卡（Suica）的ＩＣ卡搭乘公車時，可享前十公里免費（幾乎是整個市區）的優惠。給人做任何事都有充滿新鮮創意的印象。流經市內的柳川、綠川也整治成親水河道，時間許可的話，希望能稍作停留充分享樂。

抵達台南車站，月台上等車的人們。

台南重遊

台灣的飯店多數退房時間是十二點，便於利用一整個上午時間觀光。在甜點店前面的洪瑞珍餅店買了優雅三明治後，和前一天一樣搭上台鐵特快車。台中到台南又是兩小時的車程。台灣食物種類繁多，其中更不乏美食，因此往往一不小心就會吃過量。有時中午吃得太多，會有到了晚上肚子還不餓的危險，所以我很聰明地選擇用優雅三明治填肚子。

這次到台南是相隔幾年的舊地重遊。還記得上一次來住了兩晚，感覺時間不夠、玩得不盡興，只得含淚離去。其實從結論來說，不管是住宿兩晚還是三晚，時間永遠不夠用。如此充實的城市就像造訪義大利世界遺產的佛羅倫斯一樣，至少得待上一個禮拜，做好定點停留的深度旅行計畫（順帶一提，台灣因為沒有加入聯合國所以沒有世界遺產）。奇妙的是台南絕對不可能像東京或紐約那麼大，市區面積也跟東京迪士尼園區相去不遠。仍然每次都覺得時間不夠是因為地處熱帶、行動力減低的關係嗎？還是肚子總是吃飽飽害的呢？

總之跳過上一次去過的荷蘭時代遺跡、台灣文學館、孔廟等景點，這一次要造訪南部郊區和北部郊區的台灣歷史博物館和奇美博物館。前往前者時，計程車司機還再三確認「不會跟奇美搞錯吧」。一進去發現沒有多少人，而我倒是參觀得意猶未盡。館內用實體大的人偶重現祭拜媽祖和王爺的盛況、江戶時代梳著武士頭的日本人、殖民時代和服店做生意等場景。還能夾在可怕的「警察大人」之間拍紀念照（參照第一一七頁），十分推薦喜愛博物館的讀者前去。

奇美博物館有西洋樂器、西洋美術、武器、動物等特展，看到日本戰國時代使用過的盔甲收藏讓我大吃一驚。此外第一章也說明過，小提琴等西洋樂器的充實度比起巴黎樂器博物館也毫不遜色。展示方式充滿創造性，好比參加音樂廳後台之旅。巧妙地結合實物展示、交響樂團員的現場解說和演奏影片的播放。

例如修復完成相隔六十年後重見天日的林百貨、位於台南車站後面的成功大學博物館等，台南有許多牽動藝術愛好者心癢癢的小而美博物館。年代久遠的建築物上有著特殊設計的鐵窗圖案和磁磚，不大像是中國風也不像日本風，讓人聯想到南洋馬六甲地區融合了中國和馬來西亞的娘惹文化。

台南文學館附近的圓環周邊有幾間帆布包店也是我一定要去的地方。台灣中學生使用的是帆布製書包，這麼說來倒讓人回想起日本到一九七〇年代為止，中學男學生好像也是使用肩背的白色帆布書包。台南還保留著中國南方和東南亞經常見的住家和商店合而為一的傳統形式。看著店家在自己眼前踩踏縫紉機，兩三下就縫製出漂亮的帆布包，實在充滿樂趣。絕妙的顏色搭配，是值得推薦的伴手禮。

詳細的美食介紹且讓賢給專門的導遊書。因為台南整體的飲食文化水準很高，不管去哪家店吃應該都不會失望。這一次為了吹冷氣而走進的鴨肉麵店也是美味可口。一家人經營的餐館都會熬雞架子、豬大骨，若是鴨肉店就是熬鴨架子做湯的高筒湯鍋、用來做滷肉飯的滷肉大鍋等標準配備，因此汆燙一下的地瓜葉等青菜淋上一點高湯和肉燥就很好吃。每走個一百公尺就遇見賣珍珠奶茶或新鮮果汁的小店。

順便補充一點，知名的度小月擔仔麵是每本旅遊書都會介紹的美食，所以大家肯定會去吧。到時候切記一定要點一些小菜吃，絕對會讓你大嘆：原來豬腳如此美味！牡蠣是小顆的滋味較濃。香腸很好吃！烏魚子也很棒！去到哪裡都吃得到彈牙夠味的滷蛋，台灣真是好地方。且不論飲食是一種文化，相信肚皮越吃越脹的同時，對於台灣料理的喜愛也會跟著高漲不下。

②——東海岸之旅

南迴線與《來不及墓園》

從台北到中南部旅行的人通常會搭乘經過西海岸台中、彰化、嘉義、台南、高雄等地的台鐵或高鐵前去。另一方面，從台北前往東海岸的台東和花蓮，不是搭乘反方向的火車就是搭飛機去。結果會搭火車從西海岸經由台灣南部到東海岸，或是反方向穿過去的，基本上只有當地民眾，以及一開始就鎖定搭火車「環島」的我們旅人。

這一天計畫搭乘上午十點二十分從台南發車的環島火車、列車編號一號的台鐵莒光號特快車，一口氣穿越中央山脈直接駛向台東縣池上，預計車程四個半小時。雖然抵達池上的時間已將近下午三點，但因為有想吃的當地美食，所以只帶了便利商店買的飯糰和紅茶上車。順帶一提的是，台灣到處都有便利商店，也都有賣飯糰。有些內餡和調味雖然跟日本的不太一樣，但大致上都還算可口。

離開台南到高雄為止，車廂內一如平常十分擁擠，但從枋寮站進入南迴線後空位明顯變多了。右手邊能看見台灣海峽。列車繼續往南行，過了枋山站一帶行進方向轉而往東。突然間之前的景象如幻影般消失，左右兩側的窗外進入綠蔭深濃的山中。

聽說中央山脈南端東西橫貫約一百公里的路上共有三十五個隧道，全長約四十公里，其他還有跨越溪流的大小橋梁共一百五十八座。難怪一時之間窗外的風景總是隧道、山、溪流、隧道、山、溪流地重複變換著。手機顯示接收不到訊號的區間就長達四十分鐘。不知不覺間發現右手邊已是一望無際的太平洋。

之後經過六、七個只有平快車會停靠的小站，一路上盡是奔馳在左手邊緊貼著高山、右手邊就是大海的單線鐵道上。軌道如嬰兒般緊抱著山壁，不禁讓人佩服居然能在這種地方架設鐵路。景色美得令人屏息，光是為了欣賞這裡的景色就讓人想要再度造訪。

大武、瀧溪、金崙、太麻里。看著流逝而過的月台站名我突然驚覺，原來這是《練習曲》片頭出現美麗海上夜景的地方。據說這裡也是台灣太陽最早升起的地方，所以有很多觀光客趕來看一月一日的日出。然而就跟該電影中一樣，這一天的車站和海邊也不見任何人影。

美有時是殘酷的，因為會帶給人錯誤的印象。不久之後，SNS上收到來自這個地方的影片。一個標題為《來不及墓園》，請求幫忙分享出去的短片。紀錄片作品由知名的楊力州導演拍攝。

和台灣鐵道南迴線平行的南迴公路全長約一百一十公里。整個區間只有醫師巡迴看診的保健所，沒有住院設備，距離最近的醫院至少也有六十公里。因此就算身體不適，不是延遲就醫就是來不及治療。常被醫生斥責「為什麼拖到這樣才來看病」，病人往往年紀還輕就撒手人寰。

十分鐘不到的紀錄短片前後有兩位敘述者出場。一是正在為女兒辦喪事的老人；一是守護著這片俯瞰太平洋、美麗到可怕的墓園的六十歲男性，他四十歲的兒子才剛過世。

「哪有老爸為兒子看守墳墓的。兒子闔眼時我也跟他說：來生投胎千萬別再來這裡。往右去是有錢的地方、往左去是沒有錢的地方，千萬別搞錯投胎到這沒錢受苦的地方。」

短片結尾時可聽見楊導演的質疑：「讓只有二十張病床的南迴醫院成立有這麼困難嗎？」人口六千多人的台東縣大武鄉已經有十幾年訴求需要醫院的急迫性，卻始終無法實現，因此最近也有剛放棄城市工作返鄉的年輕人出車禍、來不及送醫喪命的消息傳出。

一九九一年環繞台灣一周的鐵道中最後開通的南迴線幾個車站因為幾乎無人使用而宣

告廢止。看在外人眼中未經人手破壞的美麗大自然，其實對生活在當地的人們是很嚴苛的環境，教人情何以堪。

池上便當

位於台灣東南角的台東縣是離台北最遠的地方。人口約二十二萬，除離島外排名敬陪台灣各縣末座。

南迴線大武站到太麻里站之間約三十公里，南北垂直的鐵道和車道緊貼著太平洋而行。沿線上的多良站入選為「台灣最美的車站」，諷刺的是廢線之後開車或搭遊覽車來的旅客從未間斷。

列車繼續北上，經過溫泉飯店林立的知本、縣政府所在的台東後，軌道逐漸偏離海岸往山區靠，奔馳在左右的盡是水田的鄉間。

第一次在地圖上看到池上、瑞穗的地名是什麼時候呢？當時有著覺得從台北出發也許太遠的印象。這兩個顯然跟日治時代有關的地名，或許比實際上更讓人感覺遙不可及吧。

池上是台灣耳熟能詳的地名。十九世紀末日本人進入這個台灣原住民族居住地後命名

「金城武樹」(資料來源：PIXTA)

為池上，後來成為進貢給遠方皇室美味良米的知名產地。台灣各地都有掛著「池上飯包」招牌的便當店。我也曾在其他地方吃過，但總想著有機會能夠到當地品嘗貨真價實的原味。歷史可溯及日治時代的火車便當，聽說近年來已看不到在月台上叫賣的情景，不過我也聽說池上車站內外還有賣放在木箱內保暖的溫熱便當。

不料最近幾年池上的知名度又大幅上升。

起初是在當地拍攝的罐裝咖啡廣告大獲好評。一大片稻穗黃金閃耀的田地，穿過正中央的是長達十九點五公里的筆直道路，一眼望出去看不到任何房屋和電線杆。雖說是一年春秋兩季可收成的豐厚自然環境帶來的效果，但其實美景並非出自偶然，而是地方上為了維持景觀，徹底堅守不蓋房屋、電線地下化等方針的結果。

二〇〇九年台灣好基金會的扎根台灣事業計畫之一，決定每年在池上的田園正中央設置舞台舉辦藝術祭。池上鄉居民約八千人，其中阿美族等台灣原住民族占四分之一。舉辦藝術祭時，居民每十人幾乎就有一人擔任義工，至今已舉辦過鋼琴和管弦樂音樂會、張惠妹和伍佰等知名歌手的演唱會、名聞海內外的雲門舞集舞蹈公演等。另外也籌辦邀請作家、音樂家、學者等和當地居民持續性交流等文化活動。

二〇一四年發生一起小風波。田園正中央道路上電影明星金城武騎著自行車奔馳的長榮航空廣告播出了，尤其是坐在大樹下喝著茶壺裡為撫慰旅人而設的茶水畫面蔚為話題。為了一親「金城武樹」芳澤的觀光客絡繹不絕前來。站在地方立場，固然歡迎觀光客，卻也對他們妨礙農作、破壞環境等行為感到困擾，於是做出了限制汽車不得進出該樹周遭區域、禁止買賣商品、不設置垃圾桶等措施。

池上車站近年重建，木造挑高的天花板下展示著繪畫等作品，氣氛彷彿美術館一般。可是鄉下車站還是沒有自動驗票口和寄物櫃。將車票交回站長手中後，立刻就有老人義工前來提供協助，先是領著我將行李箱交給站內的寄物所保管。剛剛才從我手上接過車票的站長為了受理寄物，這一次是打開寄物房間門鎖，遞給我交換用的號碼牌。

因為下雨了，只好打消騎自行車奔馳在田園裡的計畫，但還是好好享用了美景和受到好評的便當。台灣的鐵路便當，白飯上面一定會鋪上好大一塊的排骨、雞腿或是滷肉等肉類。分量超乎日本人的想像，也會有青菜、滷蛋等配菜。對於不吃肉的人另外也提供素食便當。便當店裡也都有自助服務的美味熱湯。

來去瑞穗溫泉

在池上車站等待下一班北上列車前往瑞穗溫泉。

台東到花蓮全長一百五十公里的台鐵台東線，車上廣播說的是國語、台語和阿美族語。阿美族語是台灣原住民族中人口二十萬、排名第一的阿美族使用的語言。

車廂內坐著一對年輕的台灣原住民族情侶，後來又走進一群應該是健行回來的漢人中年男女。似乎中年團體預約的車位被年輕情侶坐去了，一群人站起來移動位置。畢竟車廂內還有不少空位，而且搭乘台鐵有個不成文規定：就算是對號座位，只要持票者未出現，其他人可以先坐無妨。這是在日本看不到的日常風光。

和日本同樣是火山列島的台灣，各地都有溫泉湧出。由於台灣原住民族忌諱地面冒出的熱水，直到日治時代才被正式開發。各地也都還留有當時的建築，這一次要住宿的瑞穗

瑞穗溫泉大浴場

溫泉就是其中之一。

火車越過縣界進入花蓮縣。這一帶叫做花東縱谷，命名取自相鄰兩縣的各一個字。顧名思義是條夾在山海之間、南北狹長的平原地帶。

走出瑞穗車站正好是向晚時分，好久沒看到田園、高山沉睡在夜色中的景象。台灣東海岸的夜色比西海岸要深沉許多。在站前的便利商店叫了計程車，直奔據說有百年歷史的瑞穗溫泉（在台灣包含鄉下地方，到處都有便利商店，除了購物，還可在ATM提領現金、使用Wi-Fi，或是像我一樣請店員幫忙叫車）。

瑞穗溫泉在日治時代是警察署的保養所，戰後才交由民營。以類似小木屋的接待大廳為中心，左右兩邊並列著一般客房和和室。和室是鋪有榻榻米的大房間，適合學生團體入住。聽到櫃台人員介紹說「一般客房有電視和冷氣」，我便決定住進後者。因為只提供早餐，出於怕客人晚上肚子餓，有賣泡麵、零食甜點和瓶裝的台灣啤酒。

瑞穗（Mizuho）這個地名當然是日本人命名的，原本叫做水尾（Mizuo）。戰後的官方地名仍維持瑞穗二字至今；然而根據當地鄉公所的網站得知，地方居民從古至今不是用台灣客家語發音的「水尾」（Suimui）就是用阿美族語發音的「Koko」稱呼。這是日本人不要對「留存」在台灣的日本抱有大太幻想的最佳實例。

大浴場採戶外溫泉游泳池的形式，規定必須穿上泳裝才能入池。靠近泉源的小浴池水溫很熱，大浴池的水溫比較合適。客房內的浴缸接有溫泉，泳池旁也設有家庭用浴室。不過泡溫泉當然是越大越好。這裡的水質是鐵鏽色的碳酸鹽溫泉，跟日本兵庫縣的有馬溫泉類似。立刻整個人撲通一聲埋進水池裡，感覺真是舒暢！水滴不斷從掛在頭頂上方的竹簾落下，別具一番風情。台灣各地的溫泉似乎都具助孕功效，說是只要泡過就能保證生男。

隔天一早在半是陽台的餐廳吃稀飯早餐。明亮光線中可清楚看見，原來這是地處山中的獨棟宿店。稀飯的配菜有台灣名產豬肉鬆、鹽炒花生、豆腐乳、醃漬小黃瓜、涼拌竹筍和飯後水果芭樂等。台灣是竹筍產地，一整年都能品嘗到不同種類的竹筍。只有春天竹筍才是當季的日本之所以拉麵上面能固定用筍乾當配菜，全是靠台灣隨時都能進口的醃漬品。

原住民與台灣電影

昨天載我來的計程車司機，早上又上山來接我，似乎往返這裡都得拜託同一位司機接送。昨天搭同一班車的中年男女團體也在溫泉飯店小巴士的接送下抵達車站。近年來為了振興觀光，附近蓋了不少新飯店，搭配造訪當地瑞穗牧場的行程已成為一種新風潮。

列車從鄉間小鎮瑞穗開往東海岸的都會花蓮。

進入花東地區，不管是在車廂內還是在街頭，經常可以看到一眼就認得出是原住民族的人們。在花蓮入住的飯店裡，站在接待櫃台後面的男性和女性似乎也都是原住民族。

原住民族在台灣社會的地位雖然嚴苛但確實已在提升當中。一九九〇年代以後，願意公開個人出身的藝人增多了。李安導演早期作品《囍宴》中演出來自上海美術系學生的金素梅，後來代表原住民族選區出馬當上立法委員。她曾到靖國神社前參加抗議活動，要求日本政府歸還太平洋戰爭中犧牲的先祖亡靈。還有曾經在電視節目中十分活躍的徐若瑄，她的父親是外省人、母親是泰雅族人。近年來不僅積極參與演出《賽德克・巴萊》（魏德聖導演）等跟原住民族相關的作品，也提供資金援助。

《賽德克・巴萊》將日治時代台灣原住民族暴動遭到日軍大規模鎮壓的霧社事件拍成電影，不僅票房賣座，還形成一股社會現象。台灣過去也曾多次將霧社事件搬上銀幕，但因魏導演大量使用沒有演戲經驗的原住民族、台詞中大幅加入當地的賽德克語，呈現出和過去作品完全不同的效果。過去不論是原住民族的角色還是主角都是由漢人演員擔綱，台詞也絕大多數使用中文。另外正式上映前夕的首映會選在台北總統府前廣場舉行，除了當時的馬英九總統和在野黨民進黨主席蔡英文共同出席觀賞外，還邀請了各原住民族代表到場參加，讓人留下深刻印象。

同年日本發生東日本大震災，台灣送來了高達兩百五十億日圓的巨額捐款。這件事大大影響了日本社會對台灣的觀感。而幾乎也在同一時期，台灣的原住民族、本省人和外省人則是同坐一堂觀看《賽德克・巴萊》，重新認識包含霧社事件的日本統治黑暗面。台灣人的日本觀絕對不可能太過單純。

此外二〇一五年上映的《太陽的孩子》（Lekal Sumi、鄭有傑合導）則是頭一部描寫以現代社會為背景，由原住民族語言敘述、原住民族演員詮釋與台灣原住民族相關主題的作品，獲得極高評價。

《太陽的孩子》描寫的是地方原住民們為了保護花東地區的環境和傳統，奮起阻止觀光飯店興建的故事。主角是阿美族女性Panay，從小就被冠上漢人名字、學習國語，長大後在電視台當記者，然而看到故鄉的危機和家人的寂寞而改變人生態度。在寶藍色的太平洋和金黃稻穗的背景下，過去一再被日本人、中國人強迫同化的台灣原住民族，靠自己的力量取回原本名字的瞬間，深深感動了所有觀者。

花蓮之旅

花蓮縣擁有台灣最大的面積（四千六百二十八平方公里，幾乎和京都一樣），總人口只有三十三萬，比鳥取縣還少。縣政府所在的花蓮市約三十平方公里，住有約十萬人。這個山海皆美的小巧都市，和深受中國文化影響的西海岸大不相同，有種新開墾地區的氛圍。「環島」即將結束的現在我才想到：東海岸和西海岸兩者並存，才會有台灣、才能是台灣。

東海岸因為漢人開發得晚，所以才能保留美麗的自然風光。相反地，日治時代受到日本的影響很大，到了戰後日本人離去，留下的空間多半被來自西海岸的客家人、來自中國的外省人給占據。然後戒嚴令時代的國民黨為了統治求助地方「黑道」的禍根至今仍留下來繼續影響著當地的縣政與市政。

例如二十多歲當縣議員、三十多歲當選市長的國民黨所屬政客，家中從祖父一代起就在當地經營殯葬事業有成。前市長的大伯和縣議員的爸爸都因選舉違法而入獄、父親出獄後又因恐嚇事件再度遭逮、當過市民代表的姐姐因為在職期間和丈夫一起對未成年女性施暴而被迫請辭等，外人視為「黑道」家族的事蹟簡直罄竹難書。母親也是前縣議員，兩個弟弟是現任縣市議員市民代表。他自己在選戰中由戒嚴令下涉嫌政治暗殺事件、長期在美服刑的某知名黑道政客幫忙造勢，遭敵對的民進黨批判是「黑金政治一家」。「金」是「金牛」，乃違法選舉的利誘簡稱。

花蓮的鐵道文化園區裡仍如以往還設置蔣介石像，西海岸民進黨勢力範圍內的早就都被移除殆盡，因為這裡是銅牆鐵壁的國民黨地盤所致。另外一間乍看不怎麼起眼的餛飩攤前大排長龍，我上前一問才知：原來蔣介石、蔣經國、馬英九三代國民黨籍總統都來這裡吃過餛飩湯。至於總統退任後和國民黨分道揚鑣的李登輝沒被提及，應該並非出於偶然吧。

倒是盡從負面的角度談論花蓮並不公平。

現在還留存的蔣介石像

城市雖小，去市區任何地方都能徒步而至。太平洋戰爭中曾為日軍司令部的地方位在可俯瞰美麗太平洋的小山丘上，如今已成名為松園別館的觀光設施。相傳戰時從花蓮出發的特攻隊員攻擊前一天曾受邀至此接受舉杯祝福。

市區內有觀光客門庭若市的餛飩湯店和包子店，我則選擇去當地知名的「鵝肉先生」。在日本沒聽說過，其實中國南方、香港、台灣倒是常吃鵝肉，滋味比鴨肉清甜。花蓮的做法是將整隻蒸熟的全鵝切成片沾醬吃，搭配切片的內臟一起吃也很美味。旁邊兩、三分鐘路程處有間知名的水果店「西瓜大王」，除了一年到頭都吃得到的西瓜外，切片水果和果汁類的種類也很豐富。

可惜這次不能久留，心想至少該買個東西紀念，決定去前身是造酒廠遺址的文化創意園區

（參照第一三五頁）。那裡有許多當地人開的手工藝品店，寬廣的園區內只要走進陰涼處就不覺得熱，很適合散步。結果我在園區外的布料行剪了一塊說是台灣原住民族傳統圖案的布。至於要做成什麼，打算回日本後再慢慢琢磨。

我難以忘懷從市中心的飯店前往距離三公里的花蓮車站時，載我去的計程車司機說的那些話。

看起來約莫六十歲的他早一年和太太兩人一起到日本，完成一趟長達六十八天的旅行。夫妻倆從鹿兒島出發，使用針對外國旅客銷售的新幹線周遊券一路向北行。住的都是民宿，事先已透過網路預約。問他印象最深刻的地方是哪裡？他幾乎毫不遲疑地回答：

「開滿一整片薰衣草花的北海道富良野。」

「環島」結束時

花蓮開往台北感覺一下子就到了。實際上一百九十公里的距離搭乘太魯閣號特快車也要兩個多小時，或許是因為我已習慣台鐵之旅，感覺十分舒適。另一個因素是，內心希望可以的話這趟旅程不要結束，最好就這樣一路玩下去都說不定。

掀起「環島」風潮的電影《練習曲》，編排方式有些特別。主角的旅行在電影裡始於第二天，落幕於第一天。也就是電影的結尾才是旅行的開始。之前我始終有點想不通，但是經由一次「環島」，有了擁抱整個台灣的經驗後，才知那種心靈之旅是不易結束的，感覺像是永續進行式。

台北住處選在市區東部靠近松山機場的飯店，本來可以在終點的前一站下車，但為了紀念難得的「環島」，還是回到起點的台北車站。

小別一週的台北果然是名副其實的大都會。光是台北車站的地下街規模就跟其他都市的鬧區不相上下。過去說到台北捷運就像是永遠無法完工的代名詞，如今通往各區域的路線齊備。建築物內部到處都有冷氣，不會太熱也不會太冷，地面上不見垃圾，也很少有人大聲喧譁。難怪近年來會被說是華語圈「市民素質」最高的地方。

到了台北，首先要去面向淡水河的北區老街迪化街，準備大肆購買木耳、蝦米等比日本物美價廉的乾貨，順便帶一些已經是台灣名產必買項目的堅果牛軋糖，接著到櫛比鱗次的布料行買兩個客家花布縫製的椅墊套。然後再去南區的萬華龍山寺，向觀音菩薩、媽祖娘娘報告此次「環島」之旅平安無事。

龍山寺一如平常總是人聲鼎沸。

台灣人民總是對神明祈禱。

我也跟著祈禱。

老實說，「環島」期間手機上仍不斷播放著與台灣相關的重大新聞。和台灣的中華民國有外交關係的國家本來就不多，且一個接著一個減少。就在這個禮拜，中美洲薩爾瓦多宣布和中國建交和台灣斷交，只剩下十七個邦交國。

加上強力颱風在我剛離去後直擊台南造成嚴重水患。勘查現場的蔡英文總統因為沒有走下裝甲車，掀起一片態度傲慢的責難聲。她那冷靜沉著的個性有時也會被解讀成冷淡。

我想起兩年前民進黨重新取得政權，在她的總統就職典禮上大合唱起幾乎可說是民進黨國歌的〈美麗島〉。

「我們搖籃的美麗島，是母親溫暖的懷抱。驕傲的祖先們正視著，正視著我們的腳步。他們一再重複地叮嚀，不要忘記，篳路藍縷。我們這裡有無窮的生命，水牛、稻米、香蕉、玉蘭花。」

其中心思想就是「台灣＝本土」意識。遊行隊伍拉開畫滿台灣島的綠色布簾，台灣原住民族、ＬＧＢＴ的族群高舉著類似自由女神的白色人像通過總統府前。一個和國民黨時代完全不同的台灣就在那裡，我彷彿看到了時代的轉角處。

之後的兩年裡蔡英文政權為了斷絕過去的糾葛、建立全新的社會，果敢推動對既得利益階層的改革。然而她宣告全面停止核電、贊成同婚合法化等理念優先的行事風格固然有人給予極高評價，諷刺的是似乎也遭致中南部、東部庶民們產生疏離感。推動台灣化的同時，教中華民國實質上邁向淡出的路線，已引發了不少人擔心失去祖國的不安全感。

就在這時傳來與薩爾瓦多的斷交。

統促派電視台的政論節目中，政治評論家口沫橫飛地說：

「獨立已經是不可能了。只有光榮的統一或悲慘的統一！」

有人在SNS上寫下：

「下次出國旅行，要是護照封面上印的是中華人民共和國，可就傷感了！」

底下的回應是：

「問題不是護照上換個國名那麼單純吧。」

平民百姓已然切身感受到亡國的可能性。其結果是對中華民國的鄉愁擴散，也開始影響了地方公職人員選舉的結果（於是十一月的選舉中，在過去是民進黨大本營的南部高雄，親中國共產黨的國民黨候選人意外大獲勝利）。

儘管如此這一個禮拜，台灣社會還是勇敢地保持平常心，淡然地繼續日常運作。火車準時到站與發車，人們一樣平穩過日子。可以的話，台灣人民不分男女老少的開朗與親切，是我最想打包回日本的首選名產。

因此至少讓我在心中繼續祈禱。

永遠常在。美麗島，台灣。

結語

用日文寫一本關於台灣的書，對我而言是長年以來的課題。

儘管是生於日本長於日本的日本人，我卻因意想不到的偶然從事起用中文寫作的工作。將近三十年投稿於香港、中國的報章雜誌，還出過書，但要說交情最深的非台灣莫屬。在《中國時報》《中央日報》《國語日報》《自由時報》《聯合報》《蘋果日報》等報紙刊物寫專欄，交由台北大田出版社發行的著作也多達三十本。

之所以能夠從事這份工作，完全是因為台灣有許多深切關心日本的讀者所致。回首從前，還記得最早寫信給我的讀者年紀比我父母還大，出生於一九二〇年代。而今則是有一九九〇年代出生的年輕人寄來E-mail。就算不同世代的經驗和價值觀有別，他們對日本的關愛之情卻是一致，這一點讓我感動的同時也感覺焦躁。

我想起有一次首度到日研修的台灣研究所學生中，有人面帶不解地提出疑問：「為什麼台灣關於日本的資訊到處都是，日本人卻對台灣幾乎一無所知呢？」

還有一次滯留日本從事研究的台灣某大學教授問我：「似乎日本人關心的台灣經常是和日本有關係的台灣，難道他們無法想像跟日本沒有關係的台灣嗎？」

基於以上經驗，我既然從事寫文章的工作，便發願有一天要用日文寫本有關台灣的書，介紹給更多的日本讀者知道。同時也考慮到既然要寫關於台灣的書，就必須用新鮮的口吻敘述。

意外的是隨著時間經過，總會發生無法預知的變化。東日本大震災後，來自台灣的巨額捐款就是改變的契機，大幅改善了日本人對台灣的印象。旅行之後愛上台灣的人變多了，台灣也躍升為日本高中生海外畢業旅行目的地的第一名。東京街頭上常見年輕女孩大排長龍，準備品嘗來自台灣的珍珠奶茶或刨冰。

最近幾年出版了許多小我一輪的日本年輕世代所寫的台灣相關書籍，不只是觀光、美食的旅遊書，還有鐵道、建築、新生活哲學等各種分野，相關資料的詳細程度也讓當地民眾驚嘆咋舌。

這一次承蒙筑摩選書給予寫台灣相關書籍的機會，心想終於是時候了，又擔心起該怎麼寫才好，不禁百感交集。

老實說，長年伏案寫作會出現不可思議的現象。當我說出自己印象深刻的人生經驗時，竟得到年輕讀者「得知珍貴歷史一小片段」的感想。不管是台灣、中國、還是新加坡，華語圈的變化來得又快又大，但感覺上又非一語能道盡。看來人只要活上半個世紀、持續不斷地寫文章，自然會變成歷史的一部分吧。從前認為直線前進的時間，似乎從某個時間點起會變成曲線，或許即將到來的「還曆」指的就是這意思。事到如今我才有所驚覺。

如此說來，戒嚴令時代、民主化時代、國民黨時代、民進黨時代，親眼目睹過以上台灣的不同時代，或許意味著我也曾活過那一段歷史。還有長年以來讀中文書、寫中文文章、甚至這段期間跟各式各樣台灣人們的相遇，腦海中不斷反芻浮現在他（她）們臉上表情的含意時都是。

因為平常是用中文執筆，所以在日本常被問到「究竟都寫些什麼」。近代以後的中國文學有所謂「雜文」的類別，意思不同於日文的「雜文」，指的是帶抒情性的評論文。魯迅是雜文始祖也是代表作家。我的中文專欄，目標就是寫那種形式的文章，此番用日文寫本書也採取一樣的方針。

最後要藉此機會，對本書問世為止不斷給予我支持的各位表達由衷的謝意。首先是身邊的家人。還有將我引介給台灣媒體界的詩人楊澤先生。二十年來持續不斷幫我出書的台北大田出版莊培園小姐、蔡鳳儀小姐。永遠的參謀隨時為我解答的東森電視台吳如萍小姐。撥冗接受採訪的吳叡人老師、米果小姐。以「不只是親日和古老建築的台灣」邀約我寫出本書的河內卓先生。居中幫我們牽線的管啟次郎先生。還有美麗島，台灣。

謝謝大家，多謝！

二〇一九年二月，東京國立

新井一二三

參考書目

【日文文獻】

遠流台灣館編著，吳密察監修《台湾史小事典》横澤泰夫編譯，中國書店，二〇〇七年

王育德《台湾──苦悶するその歴史》弘文堂，一九七〇年

王惠君・二村悟著，後藤治監修《図説　台湾都市物語》河出書房新社，二〇一〇年

片倉佳史《台湾新幹線で行く台南・高雄の旅》まどか出版，二〇〇七年

邱永漢《香港・濁水溪》中公文庫，一九八〇年

吳明益《歩道橋の魔術師》天野健太郎譯，白水社，二〇一五年

吳明益《自転車泥棒》天野健太郎譯，文藝春秋，二〇一八年

國立編譯館《台湾を知る──台湾国民中学歴史教科書》蔡易達，永山英樹譯，雄山閣，二〇〇〇年

司馬遼太郎《台湾紀行》朝日新聞社，一九九四年

周婉窈《図説　台湾の歴史》濱島敦俊監譯，石川豪・中西美貴譯，平凡社，二〇〇七年

西澤泰彥《植民地建築紀行──滿洲・朝鮮・台湾を歩く》吉川弘文館，二〇一一年

野嶋剛《映画で知る台湾》明石書店，二〇一六年

丸谷才一《裏声で歌へ君が代》新潮社，一九八二年
村上政彥《「君が代少年」を探して》平凡社，二〇〇二年
若林正丈・松永正義・劉進慶編著《台湾百科》大修館書店，一九九〇年

【中文・英文文獻】

新井一二三《臺灣為何教我哭？》大田出版，二〇一〇年
翁佳音・曹銘宗《大灣大員福爾摩沙》貓頭鷹出版，二〇一六年
漢寶德《文化與文創》聯經出版，二〇一四年
管仁健《外省新頭殼》方舟文化出版，二〇一六年
顏世鴻《青島東路三號》大雁文化事業，二〇一二年
吳叡人《受困的思想》衛城出版，二〇一六年
謝奇峰《圖解台灣神明圖鑑》晨星出版，二〇一四年
徐世榮《土地正義》遠足文化，二〇一六年
焦大衛《神・鬼・祖先》聯經出版，二〇一二年
張素玢《未竟的殖民　日本在台移民村》衛城出版，二〇一七年
陳秀琍《林百貨——台南銀座摩登五棧樓》前衛出版，二〇一五年

朱天心《想我眷村的兄弟們》麥田出版，一九九三年

水瓶子《台北漫步》玉山社出版，二〇一八年

台灣教授協會《島國——關賤字》左岸文化，二〇一四年

台灣教授協會《照破——太陽花運動的振幅、縱深與視域》左岸文化，二〇一六年

陳虹因《一本就懂台灣神明》好讀出版，二〇一七年

傅月庵《父子》早安財經，二〇一九年

李筱峰《以地名認識台灣》遠景出版，二〇一八年

陸傳傑《被誤解的台灣老地名》遠足文化，二〇一五年

米果《如果那是一種鄉愁叫台南》大雁文化事業，二〇一二年

李秀娥《圖解台灣葬禮大百科》晨星出版，二〇一五年

亮軒《青田街七巷六號》爾雅出版，二〇一八年

龍應台《天長地久》天下雜誌，二〇一八年

Cole, J.M. BLACK ISLAND:Two Years of Activism in Taiwan, CreateSpace Independent Publishing Platform, 2015.

【延伸閱讀】

《媽媽其實是皇后的毒蘋果？》
——新井一二三逃出母語的陰影

白雪公主繼母般的母親不僅屬於我孩提的記憶庫裡，
而且是永恆的存在。
或者說，我變了，但是她沒有變，仍然隨時都會發動攻擊。

為了抵達精神和生活上，離母親最遠的地方，
離母語最遠的地方，在哪裡？
是逃出之前，培養閱讀和獨立判斷思考的習慣；
是相信世界除了這裡之外，還有他方，還有彼處；
是越來越清楚自己可以走向光，如此，逃出的另一個定義是：
找到美，愛，自由連在一起的地方。

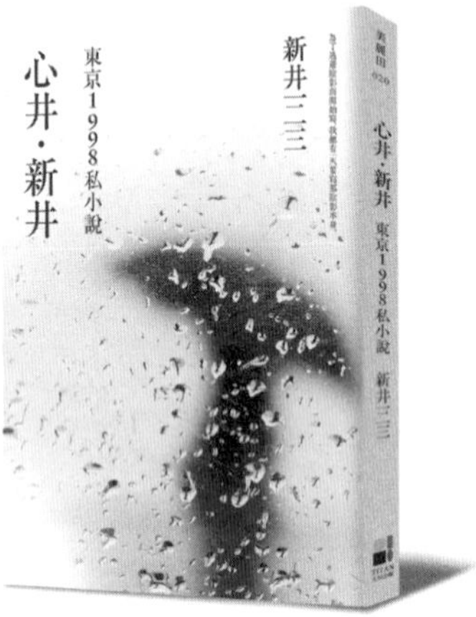

《心井・新井：東京1998私小說》（新版）

為了逃避陰影而開始寫，我總有一天要寫那陰影本身。！

新井一二三，第一本在台灣出版的中文作品《心井・新井》。
新鮮的中文文風，驚豔四座，
為什麼一個日本人竟能夠運用中文文體自成一格，味道十足。
她在書中誠實面對自我的人生探詢，
寫摩登姥姥的自由，母親的攻擊陰影，
東京家鄉的味道，自己的生日情結……
成長物語寫出真切情感引起廣大共鳴。

【延伸閱讀】

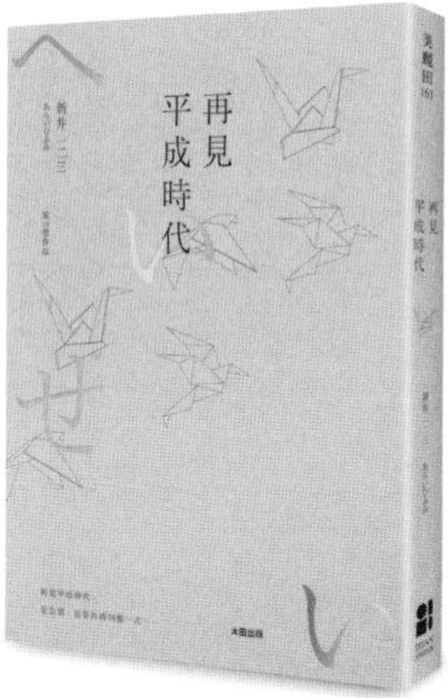

《再見平成時代》

《再見平成時代》是新井一二三對於平成的回望，
皇室問題反映全體日本社會的問題，
而日本問題在整個平成三十年之中，
天天的發展與變化，皆撼動日本之外的台灣。

人的尊嚴與時代的變化，人的選擇與環境的消長；
是淡淡傷感？還是對未來充滿期待？
當我們同步向平成說再見的此刻，
再一次共感走過的曾經時光，我們心中可有自己的答案？

美麗田 169

我們與台灣的距離

寫給美麗之島的七封情書

作　者｜新井一二三
譯　者｜張秋明
出 版 者｜大田出版有限公司
台北市一〇四四五中山北路二段二十六巷二號二樓
E-mail｜titan3@ms22.hinet.net http://www.titan3.com.tw
編輯部專線｜（02）2562-1383 傳真：（02）2581-8761
總 編 輯｜莊培園
副總編輯｜蔡鳳儀
行銷企劃｜陳映璇／王羿婷
內頁美術｜張湘華
校　對｜黃薇霓／金文蕙
初　刷｜二〇二〇年二月一日 定價：三八〇元
總 經 銷｜知己圖書股份有限公司
台　北｜一〇六台北市大安區辛亥路一段三十號九樓
TEL：02-2367-2044／2367-2047 FAX：02-2363-5741
台　中｜四〇七台中市西屯區工業三十路一號一樓
TEL：04-2359-5819 FAX：04-2359-5493
E-mail｜service@morningstar.com.tw
網路書店｜http://www.morningstar.com.tw
讀者專線｜04-23595819＃230
郵政劃撥｜15060393（知己圖書股份有限公司）
印　刷｜上好印刷股份有限公司
國際書碼｜978-986-179-586-7 CIP：733.21/108019763

填回函雙重禮
①立即送購書優惠券
②抽獎小禮物

國家圖書館出版品預行編目資料

我們與台灣的距離／新井一二著；張秋明譯.
——初版——臺北市：大田，2020.02
面；公分.——（美麗田；169）

ISBN 978-986-179-586-7（平裝）

733.21　　108019763